이야기로 배우는

진짜 진짜 급수 한자 7급 1

저자 김향림

중앙대학교 중어학과 졸업
한국외국어대학교 교육대학원 중국어교육학과 졸업

- 리라초등학교 중국어 교과전담
- 리라초등학교 방과후 한자 전담
- 청강문화산업대학교 중국어 강의
- 광양중학교, 광양고등학교, 수도여자고등학교, 대일디자인관광고등학교, 해성여자고등학교, 가천대학교 중국어 강의

저서
- 이야기로 배우는 진짜 진짜 급수 한자 8급
- 이야기로 배우는 진짜 진짜 급수 한자 7급 ①, ②
- 이야기로 배우는 진짜 진짜 급수 한자 6급 ①, ②

이야기로 배우는 진짜 진짜 급수 한자 7급 1

초판발행	2021년 5월 20일
1판 3쇄	2023년 9월 25일
글쓴이	김향림
편집	최미진, 연윤영, 엄수연, 高霞
펴낸이	엄태상
디자인	진지화
콘텐츠 제작	김선웅, 장형진
마케팅본부	이승욱, 왕성석, 노원준, 조성민, 이선민
경영기획	조성근, 최성훈, 구희정, 김다미, 최수진, 오희연
물류	정종진, 윤덕현, 신승진, 구윤주
펴낸곳	시소스터디
주소	서울시 종로구 자하문로 300 시사빌딩
주문 및 문의	1588-1582
팩스	0502-989-9592
홈페이지	www.sisostudy.com
네이버카페	cafe.naver.com/sisasiso
네이버블로그	blog.naver.com/sisosisa
인스타그램	instagram.com/siso_study
이메일	sisostudy@sisadream.com
등록일자	2019년 12월 21일
등록번호	제2019 - 000148호

ISBN 979-11-91244-21-2 64710
979-11-91244-19-9 (세트)

머리말

"피카츄! 다음 한자 시간에 선생님이 꼬~옥 나를 시켜주셨으면 좋겠어~ 꼬~옥 들어줘야 해!"

한자 시간에 한자를 다 배우고 난 다음 학생들이 나와서 배운 한자를 쓰는 시간인데, 시간은 정해져 있고 학생들이 서로 써보겠다고 해서 결국 몇 학생만 나와서 써보고 자기 자리로 들어갑니다. 한자를 써보지 못하고 앉아있던 학생이 속이 상했는지 일기장에 써 놓은 내용입니다.

"선생님~ 팔방미인은 날 수도 있어요?"

여덟 팔(八)를 배우고 이 글자가 들어가는 낱말에는 팔방미인이 있다고 설명합니다. 그 때 바로 질문이 들어옵니다. "못하는 게 없이 이것저것 다 잘하는 사람을 보고 팔방미인이라고 하는 거예요." 말이 끝나기가 무섭게 빛의 속도로 들어오는 질문 하나! "어~~그러면 팔방미인은 날 수도 있어요?"라고 물어봅니다.

"선생님은 한자 나라에서 왔어요? 한자 나라에는 얼마나 많은 한자들이 있어요?"

수업시간에 배운 한자를 열심히 쓰고 있던 한 친구가 옆을 지나가던 저에게 조용히 물어봅니다.

"선생님~ 이 한자 처음 봤을 때는 어려웠는데, 책의 그림을 보고 선생님 설명 들으니 정말 쉬워요!"

한자 수업 시간은 이렇게 재미있는 사건들과 다양한 생각들이 오가는 즐거운 시간입니다.
수업 시간에 학생들의 귀여운 표정 하나하나를 살펴보고 있으면 그 귀여운 표정을 따라서 저도 학생들의 생각 속으로 따라 들어갑니다.

한자는 어렵다는 생각 때문에 한자 배우기를 두려워하는 학생들이 많습니다. 그렇지만 한자를 배우면서 재미있어 하고, 한자가 만들어진 유래들 듣고 생각해 보면서 상상력이 더 풍부해지기도 하는 시간이 한자 시간입니다. 한자를 배우고 난 후, 그 한자들로 만들어진 한자 어휘를 공부하면서 배우는 기쁨이 더해지고 신기해 합니다.

초등학교 저학년 때는 문제 없지만, 점점 학년이 올라가면서 과목도 많아지고 교과서에도 모르는 어휘들이 수두룩하게 나와 힘들어 하는 친구들이 많습니다. 그 모르는 어휘들은 한자로 이루어진 한자어가 대부분입니다. 한자를 아는 친구들은 낯선 한자어들이 나와도 배운 한자에 살을 붙여 가며, 한자어를 공부하던 습관이 생겨서 가벼운 마음으로 즐겁게 공부할 수 있습니다.

우리 학교에는 꼭 스승의 날이 아니더라도 모교를 찾아오는 졸업생들이 많습니다. 졸업생들이 한자를 배워서 도움이 되었다고 이구동성으로 이야기합니다. 한자를 배워놓으니 중, 고등학교 때는 물론이고, 수능을 볼 때 언어영역에서 많은 도움이 되었다는 말을 많이 합니다. 학생들의 이런 말을 들을 때면 그 어느 때보다 보람도 느껴지면서 "더 열심히 해야겠다"라는 생각이 듭니다.

"시무룩한 얼굴로 들어가 즐거운 마음으로 나오는 수업 시간은?"
어린이들이 좋아하는 수수께끼로 만들어 보았는데요~ 모든 학생의 답이 "한자 시간"이라는 말이 나올 수 있게 즐거운 수업, 재미있는 교재를 만들기 위해 노력하겠습니다. 감사합니다.

김향림

8급	읽기 한자 50자, 쓰기 한자 없음 유치원생이나 초등학생에게 한자 학습의 동기 부여를 위한 급수 단계
7급 II	읽기 한자 100자, 쓰기 한자 없음 8급을 합격하거나 8급한자를 학습한 후, 7급을 준비하는 초급 단계
7급	읽기 한자 150자, 쓰기 한자 없음 한자 공부를 처음 시작하는 초급 단계
6급 II	읽기 한자 225자, 쓰기 한자 50자 한자 쓰기를 시작하는 첫 급수 단계
6급	읽기 한자 300자, 쓰기 한자 150자 기초 한자 쓰기를 시작하는 급수 단계
5급 II	읽기 한자 400자, 쓰기 한자 225자 6급과 5급의 격차를 해소하기 위한 급수 단계
5급	읽기 한자 500자, 쓰기 한자 300자 일상생활 속의 한자를 사용하여 쓰기 시작하는 급수 단계
4급 II	읽기 한자 750자, 쓰기 한자 400자 5급과 4급의 격차를 해소하기 위한 급수 단계
4급	읽기 한자 1000자, 쓰기 한자 500자 초급에서 중급으로 올라가는 급수 단계

한국어문회-한자능력검정시험이란?

사단법인 한국어문회에서 주관하고, 한국한자능력검정회가 시행하는 한자 활용능력시험을 말합니다. 1992년 12월 9일 1회 시험을 시작으로 2001년 1월 1일 이후, 국가 공인 자격시험(3급II~특급)으로 치러지고 있습니다.

한자능력검정시험은 어떻게 응시하나요?

* **주관:** 사단법인 한국어문회(02-1566-1400)
* **시행:** 한국한자능력검정회
* **(방문)접수처:** 서울 서울특별시 서초구 서초1동 1627-1 교대벤처타워 401호 한국한자능력검정회
기타 지역 한자능력검정시험 지역별 접수처 및 응시처 참조
* **(방문)접수 시 준비물:** 반명함판 사진 3매(3X4cm · 무배경 · 탈모), 응시료, 한자 이름, 주민등록번호, 급수증 수령 주소
* **(인터넷)접수 사이트:** www.hanja.re.kr
* **(인터넷) 접수 시 준비물:** 반명함 사진 이미지, 검정료 결제를 위한 신용 카드, 계좌 이체의 결제 수단, 한자 이름, 주민등록번호, 급수증 수령 주소

한자능력검정시험에는 어떤 문제가 나오나요?

구분	8급	7 II급	7급	6 II급	6급	5 II급	5급	4 II급	4급
읽기 배정 한자	50	100	150	225	300	400	500	750	1,000
쓰기 배정 한자	0	0	0	50	150	225	300	400	500
독음	24	22	32	32	33	35	35	35	32
훈음	24	30	30	29	22	23	23	22	22
장단음	0	0	0	0	0	0	0	0	3
반의어	0	2	2	2	3	3	3	3	3
완성형	0	2	2	2	3	4	4	5	5
부수	0	0	0	0	0	0	0	3	3
동의어(유의어)	0	0	0	0	2	3	3	3	3
동음이의어	0	0	0	0	2	3	3	3	3
뜻풀이	0	2	2	2	2	3	3	3	3
약자	0	0	0	0	0	3	3	3	3
필순	2	2	2	3	3	3	3	0	0
한자 쓰기	0	0	0	10	20	20	20	20	20

* 출제기준표는 기본 지침 자료로서, 출제자의 의도에 따라 차이가 있을 수 있습니다.
* 상위 급수 한자는 하위 급수 한자를 모두 포함하고 있습니다.
* 쓰기 배정 한자는 한두 급수 아래의 읽기 배정 한자이거나 그 범위 내에 있습니다.

한자능력검정시험의 합격 기준을 알고 싶어요!

급수별 합격기준	교육 급수								
	8급	7 II급	7급	6 II급	6급	5 II급	5급	4 II급	4급
출제 문항 수	50	60	70	80	90	100			
합격 문항 수	35	42	49	56	63	70			
시험 시간	50분								

한자능력검정시험에 합격하면 좋은 점!

* 3급II~특급은 국가 공인자격증으로, 이 급수를 취득하면 초, 중, 고등학교 생활기록부의 자격증란에 기재되고, 4급~8급을 취득하면 세부능력 및 특기사항란에 기재됩니다.
* 대학 입학 수시 모집 및 특기자 전형에 지원이 가능합니다.
* 대학 입시 면접에서 가산점 부여 및 졸업 인증, 학점 반영 등의 혜택이 주어집니다.
* 2005년 수능부터 제2외국어 영역에 한문 영역이 추가되었습니다.

급수	내용
8급	선정 한자 30자, 교과서 한자어 20자(13단어)
7급	선정 한자 50자, 교과서 한자어 70자(43단어)
6급	선정 한자 70자, 교과서 한자어 100자(62단어)
준5급	선정 한자 150자, 교과서 한자어 100자(62단어)
5급	선정 한자 300자, 교과서 한자어 150자(117단어)
준4급	선정 한자 500자, 교과서 한자어 200자(139단어)
4급	선정 한자 700자, 교과서 한자어 200자(156단어)
준3급	선정 한자 1000자, 교과서 한자어 350자(305단어)

한자교육진흥회-한자자격시험이란?

사단법인 한자교육진흥회에서 주관하고, 한국한자실력평가원이 시행하는 한자 활용능력시험을 말합니다.
기초 한자와 교과서 한자어 평가로 초, 중, 고등학생들에게 학업에 도움을 주며, 교과서에 자주 등장하는 한자어를 분석하여 한자 공부를 할 수 있도록 하고 있습니다.

한자자격시험은 어떻게 응시하나요?

* **주관:** 사단법인 한자교육진흥회 (02-3406-9111)
* **시행:** 한국한자실력평가원
* **(방문) 접수처:** 서울 서울특별시 중구 저동2가 78번지 을지비즈센터 401호
  기타 지역 한자자격시험 지역별 접수처 및 응시처 참조
* **(방문) 접수 시 준비물:** 반명함판 사진 1매(3X4cm • 무배경 • 탈모), 응시료, 한자 이름, 주민등록번호, 급수증 수령 주소
* **(인터넷)접수 사이트:** web.hanja114.org
* **(인터넷) 접수 시 준비물:** 반명함 사진 이미지, 검정료 결제를 위한 신용 카드, 계좌 이체의 결제 수단, 한자 이름, 주민등록번호, 급수증 수령 주소

한자자격시험에는 어떤 문제가 나오나요?

구분		8급	7급	6급	준5급	5급	준4급	4급	준3급
급수별 선정 한자	훈음	25	25	20	15	15	5	15	15
	독음	25	25	20	15	15	15	15	15
	쓰기	0	0	10	20	20	20	20	20
	기타	15	15	15	15	15	15	15	15
교과서 실용 한자어	독음	15	15	15	15	15	15	15	15
	용어뜻	10	10	10	10	10	10	10	10
	쓰기	0	0	0	0	0	0	0	0
	기타	10	10	10	10	10	10	10	10

한자자격시험의 합격 기준을 알고 싶어요!

급수별 합격기준	교육급수							
	8급	7급	6급	준5급	5급	준4급	4급	준3급
출제 문항 수	50	50	80	100	100	100	100	100
합격 득점(%)	70%이상							
시험 시간(분)	60분							

한자능력검정시험의 특징

- 한자사용능력을 종합적으로 평가합니다.
- 사고력과 어휘력을 향상시킵니다.
- 학업성적 향상에 기여합니다.
- 교과학습능력을 신장시킵니다.

한자능력검정시험의 우수성

우리나라 학생들 중 상다수가 교과서에 나오는 단어(한자어)의 정확한 뜻을 이해하지 못해 학업 성적이 떨어질 수 있다는 사실을 아십니까?

한국한자실력평가원에서 시행하는 한자자격시험은 한자와 한자어를 자연스럽게 익히게 하여 풍부한 어휘력과 사고력, 표현력을 향상시키는 데 도움을 줍니다.

구성과 특징

한자 훈 · 음 익히기!

한자의 뜻과 음을 먼저 보고 배울 한자를 미리 생각해봐요.

그림으로 익히기!!

한자의 뜻과 음을 익힌 후, 그림을 보며 연상하여 한자까지 익혀 봐요!

한자 속 한자

집 가 뜻은 집이고, 가라고 읽어요.

어문회, 진흥회를 함께!

어문회 7급 배정 한자와 진흥회 7급 선정 한자를 한번에 모두 익힐 수 있어요.
* 어문회 배정 한자는 "어", 진흥회 배정 한자는 "진"으로 표시했어요.

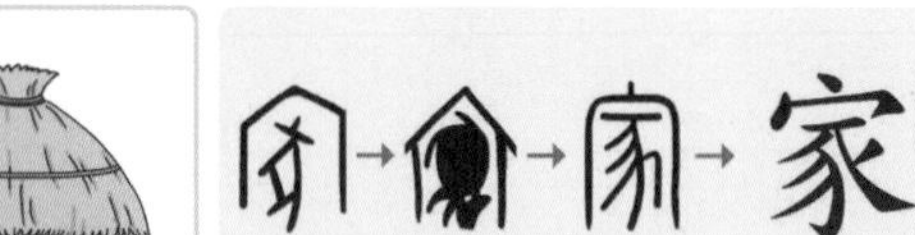

宀(집 면)은 지붕, 아래의 豕(돼지 시)는 돼지를 나타내어 집 안에 돼지가 있는 모습으로, '집'이라는 뜻을 나타냅니다.

한자의 자원 풀이~

한자가 만들어지는 과정과 풀이를 통해 한자를 쉽게 기억할 수 있어요.

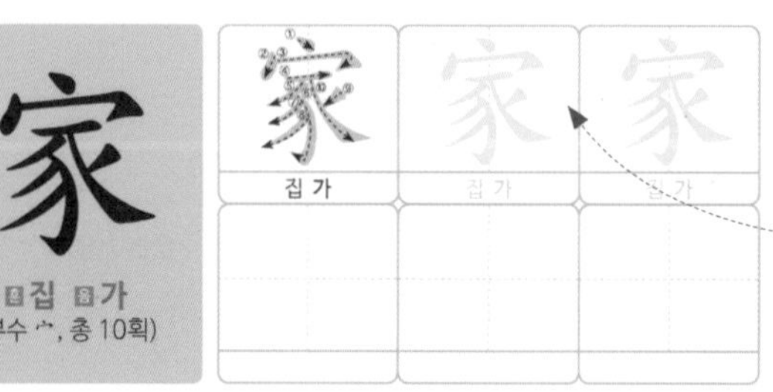

한자 쓰기!

필향과 필순을 정확하게 익혀서 쓸 수 있어요.

흐린 색의 글씨를 따라 써보세요.

생활 속 한자

- 기차를 타고 外家(외가)에 가고 싶습니다.
- 새해에 一家(일가) 친척들이 모두 모였습니다.

16

부수와 총획 제시!

한자의 부수와 총획도 문제도 거뜬히 풀 수 있어요.

생활 속 한자!

실생활 속에서 사용되는 한자를 예문을 통해 활용 학습이 가능하도록 하였어요!
흐리게 된 글씨는 따라 써 보며 다시 한번 익힐 수 있어요.

이야기 속 한자!

승빈이와 토팡이의 재미있는 이야기를 읽으며 이야기 속에 숨어 있는 한자들을 그림에서 찾아 보아요~

한자 예고편!

과에서 배울 한자들을 미리 한눈에 보며 익힐 수 있어요.

리듬 속 한자!

앞에서 학습한 한자들을 리듬에 맞춰 정리 복습하면 기억에 쏘~~옥!! 절대 잊어버리지 않아요!

* 챈트 음원 및 동영상은 페이지 상단의 QR코드를 스캔하거나 시소스터디 홈페이지(www.sisostudy.com)에서 이용하실 수 있습니다.

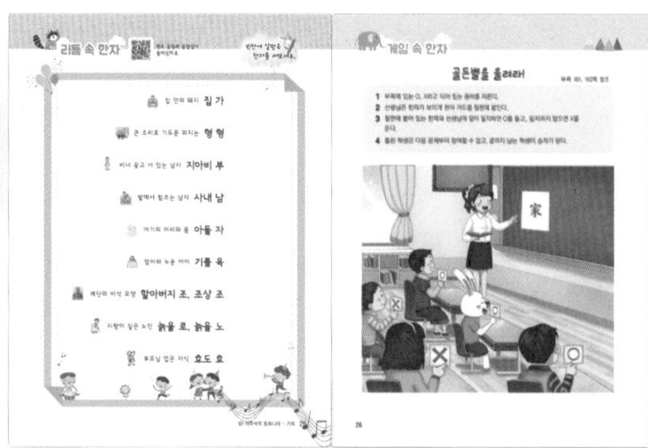

게임 속 한자!

여러 가지 활동들을 통해 배운 한자들을 확인해 보아요~

문제 속 한자!

다양한 문제 유형들로 배운 한자들을 점검해 보아요~

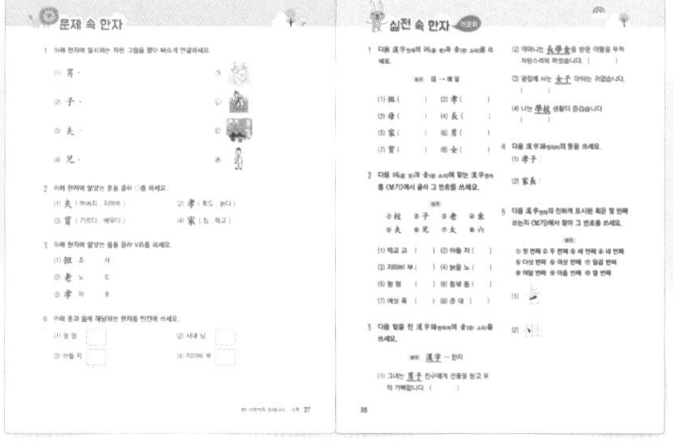

실전 속 한자! 어문회 편!

앞에서 배운 한자들을 실제 시험 문제 유형으로 풀어보며 실전 대비까지 척척!!

알고 보면 한자어!

진흥회 7급 교과서 한자어를 알기 쉽게 설명해 줘요. 한자 수수께끼로 한자 학습의 능률을 높일 수 있는 휴식 코너!

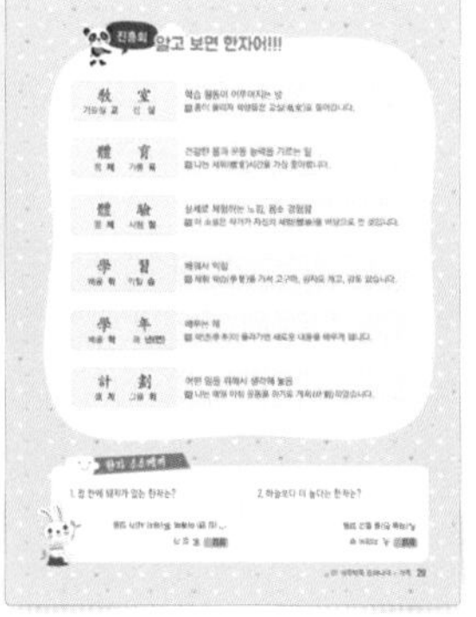

실전 속 한자! 진흥회 편!

앞에서 배운 진흥회 한자, 교과서 한자어로 진흥회 시험도 완벽 대비!

구성과 특징

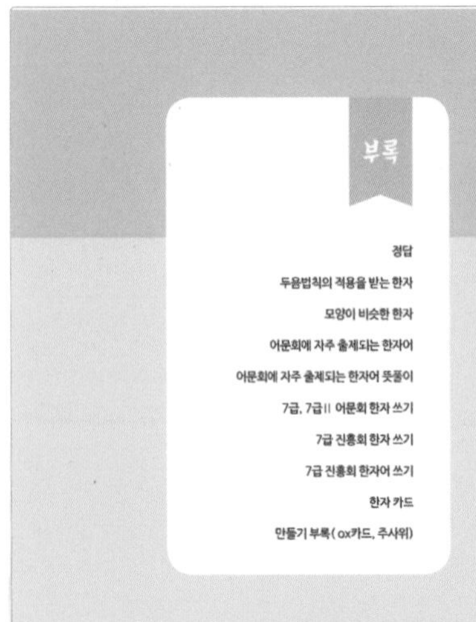

다양한 부록!

7급 시험을 준비할 때 필요한 자료들만 쏙쏙 뽑았어요.두음법칙, 모양이 비슷한 한자, 자주 출제되는 한자어 등 다양한 부록을 통해 시험 준비을 완벽하게 할 수 있어요.

또박또박 한자 쓰기!

한자는 많이 써 볼수록 외우기 쉬운 법!! 어문회 배정 한자와 진흥회 선정 한자, 진흥회 교과서 한자어까지 충분히 써 볼 수 있어요!

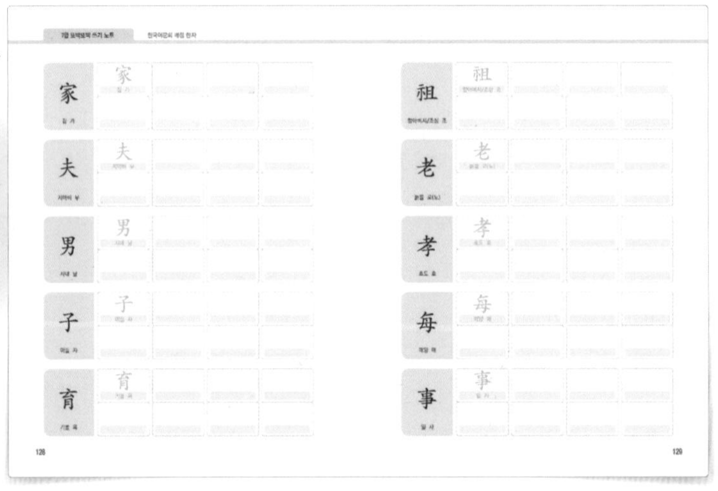

한자 카드!

언제 어디서나 활용할 수 있는 한자 카드! 여러 가지 연습이나 게임에 활용할 수 있어요.

브로마이드!

어문회 7급 배정 한자 100자를 앞면은 ㄱㄴㄷ순으로, 뒷면은
교재 학습 순서대로 나열했어요.
* 7급II 단어도 별도로 표시했어요.

목차

한자 공부는 왜 할까요?

우리나라의 어휘는 70% 이상이 한자어로 이루어졌다고 말할 수 있을 만큼 한글과 한자는 뗄 수 없는 상관 관계를 가지고 있어요! 한자는 우리 민족을 비롯한 동아시아 문화권에 속해 있는 여러 민족이 만든 문자입니다. 특히 제2외국어로 중국어, 일본어를 배우고 싶은 어린이들은 한자를 익히면 두 언어를 다른 사람들 보다 빨리 익힐 수 있는 장점이 있습니다. 일상생활에 꼭 필요하고, 도움이 되는 한자, 배우지 않을 수 없겠죠?

한자의 구성

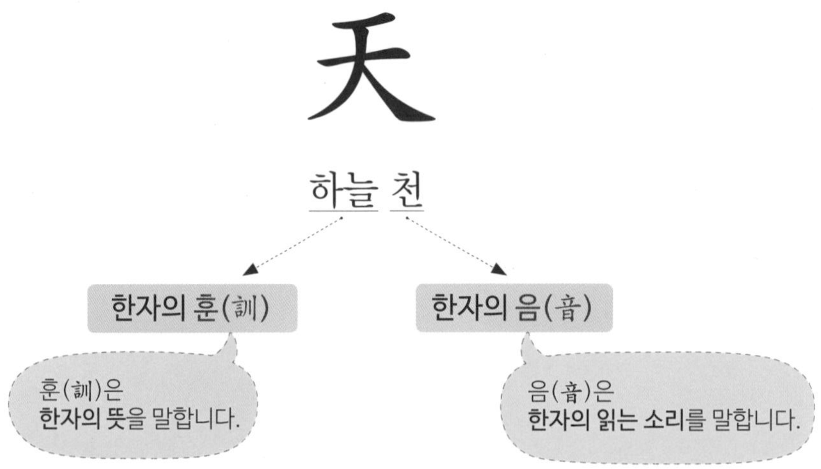

한자의 두음 법칙(頭音法則)

한자 음에서 단어의 첫소리에 'ㄴ'이나 'ㄹ'이 올 때, 그 음이 'ㅇ'이나 'ㄴ'으로 바뀌는 현상을 말합니다.

예 女 계집 녀: 子女(자녀), 女子(여자)

六 여섯 륙: 五六(오륙), 六十(육십)

한자의 획순(필순)

글자를 쓰는 순서로 한자를 바르고 예쁘게 쓰도록 도와줍니다.

1. 위에서 아래로 씁니다.

2. 왼쪽에서 오른쪽으로 씁니다.

3. 가로획과 세로획이 교차될 때에는 가로획을 먼저 씁니다.

4. 왼쪽과 오른쪽의 모양이 같거나 비슷할 때에는 가운데 획을 먼저 씁니다.

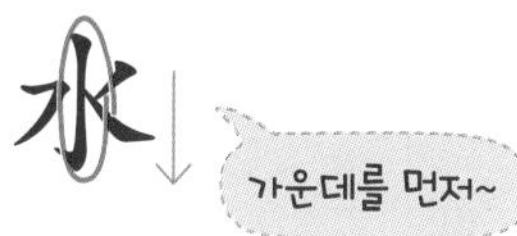

5. 삐침을 먼저 쓰고 파임을 나중에 씁니다.

TIP

왼쪽 아래로 향하는 것이 삐침,
오른쪽 아래로 향하는 것이 파임.

6. 좌우로 가로지르는 가로획은 맨 나중에 씁니다.

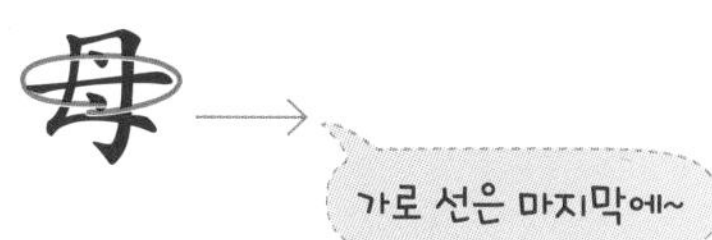

7. 상하로 꿰뚫는 세로획은 맨 나중에 씁니다.

8. 둘러싼 것은 가장자리부터 씁니다.

9. 안을 둘러싼 글자의 경우, 글자의 밑은 가장 나중에 씁니다.

10. 오른쪽 위에 있는 점이나 안의 점은 나중에 찍습니다.

01
뒤죽박죽 동화나라 - 가족

승빈이는 체육(育)을 좋아하고, 여동생 제인이는 책을 읽고, 공부(夫)하는 걸 좋아해요. 승빈이는 제인이가 '효(孝)녀 심청이'라는 책을 읽는 것을 보고 동화나라에 가면 재미있을 것 같다는 생각이 들어서 토팡이와 붕붕우산을 타고 동화나라로 갔어요.

처음에 도착한 동화나라에는 한 노(老)인이 연못가에서 멍든 이마를 거울에 비추어 보고 있었어요. 승빈이와 토팡이가 다가가서 보니 산신령님이었어요.

"착한 나무꾼에게 금도끼, 은도끼를 줬더니 사람들이 자꾸 와서 도끼를 연못에 던지는 바람에 내 이마에 혹이 몇 개나 생기는지 모르겠구나. 아이고 내 머리야~ 흑흑. 나는 가(家)족도 없이 혼자 지내는데……"

산신령님의 얘기를 들은 승빈이와 토팡이는 산신령님께 약을 드리고, 연못 옆에 '여기에 도끼를 던지지 마시오!'라고 푯말을 써 놓았어요. 그리고는 다시 길을 떠났어요.

두 번째 도착한 동화나라에서는 신데렐라가 살고 있는 아름다운 성이 보였어요. 그러나 성 안에는 아무도 없고 신데렐라 혼자서 땀을 흘리며 청소를 하고 있었어요. 신데렐라에게 가서 왜 혼자 있는지 묻자, 신데렐라는 "조(祖)상님이 남겨준 성에 백설 공주에게 사과를 준 무서운 마녀가 마법을 걸어 놓는 바람에 왕과 왕의 형(兄)제, 왕자(子), 남(男)녀 신하들 모두 마법에 걸려 깊은 잠이 들었어요."라고 대답했어요. 그 얘기를 들은 승빈이와 토팡이가 신데렐라를 도와 마녀를 무찔러서 모두 잠에서 깨어났어요.

오늘 하루는 너무 바빴지만, 동화 속 주인공들을 만나서 매우 즐거운 하루였어요.

그림 속에 숨어있는 한자들을 찾아보세요.

家 집 (가)	兄 형 (형)	夫 지아비 (부)
男 사내 (남)	子 아들 (자)	育 기를 (육)
祖 할아버지/조상 (조)	老 늙을 (로/노)	孝 효도 (효)

집 가

뜻은 집이고, 가라고 읽어요.

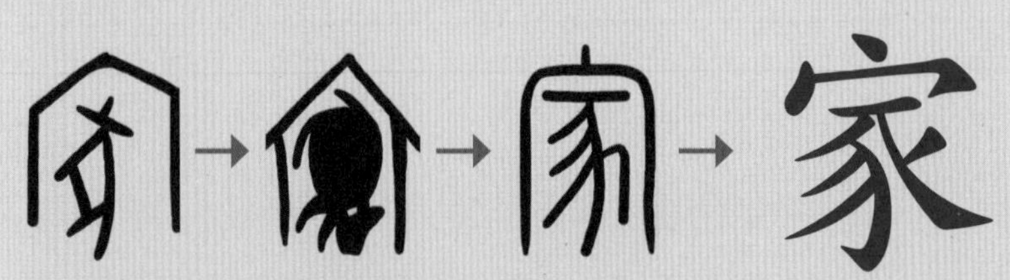

宀(집 면)은 지붕, 아래의 豕(돼지 시)는 돼지를 나타내어 집 안에 돼지가 있는 모습으로, '집'이라는 뜻을 나타냅니다.

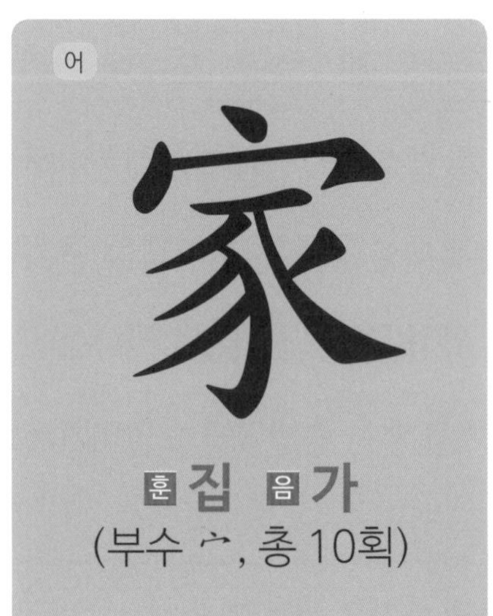

家	家	家
집 가	집 가	집 가

흐린 색의 글씨를 따라 써보세요.

생활 속 한자

- 기차를 타고 外家(외가)에 가고 싶습니다.
- 새해에 一家(일가) 친척들이 모두 모였습니다.

형 형

뜻은 형이고, 형이라고 읽어요.

兄

제단(제사장) 앞에서 기도문을 큰 소리로 외치는 사람의 모습으로, '형'이라는 뜻을 나타냅니다.

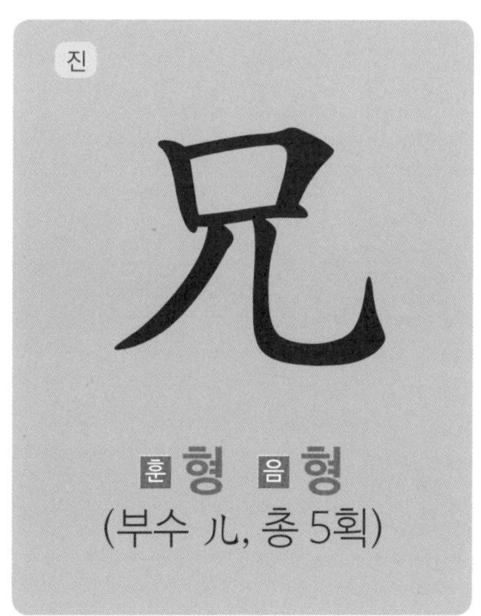

생활 속 한자

- 우리는 사이 좋은 兄弟(형제)랍니다.
- 이모는 우리 아빠를 兄夫(형부)라고 부릅니다.

지아비 부

뜻은 **지아비(남편)**이고, **부**라고 읽어요.

夫 → 夫 → 夫 → 夫

남자가 비녀로 머리를 묶고 정면을 바라보고 서 있는 모습으로, '지아비(남편)'라는 뜻을 나타냅니다. 본래의 뜻은 '성인 남자'를 나타냅니다.

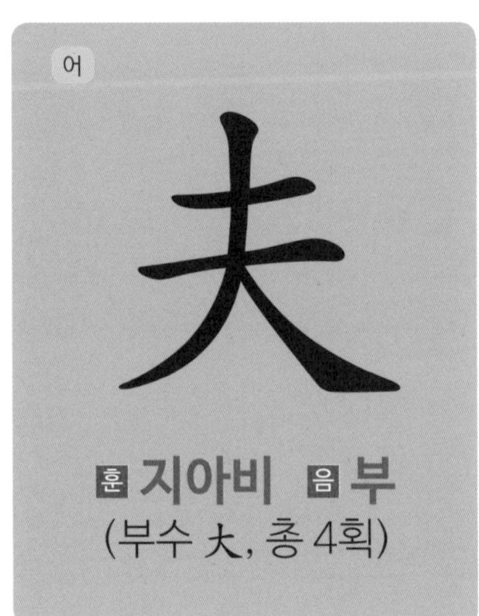

夫	夫	夫
지아비 부	지아비 부	지아비 부

흐린 색의 글씨를 따라 써보세요.

생활 속 한자

- 農夫(농부)는 아침 일찍부터 밭에서 곡식을 가꿉니다.
- 언니는 밤새 시험 工夫(공부)를 했습니다.

사내 남

뜻은 사내이고, 남이라고 읽어요.

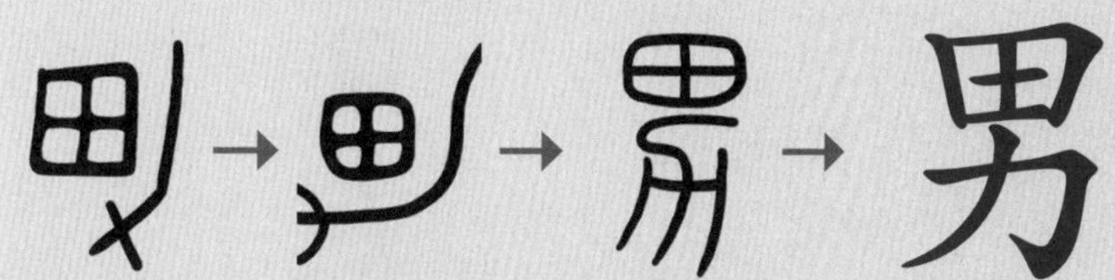

밭에서 농기구로 힘써 밭을 가는 남자 모습으로, '사내(남자)'라는 뜻을 나타냅니다.

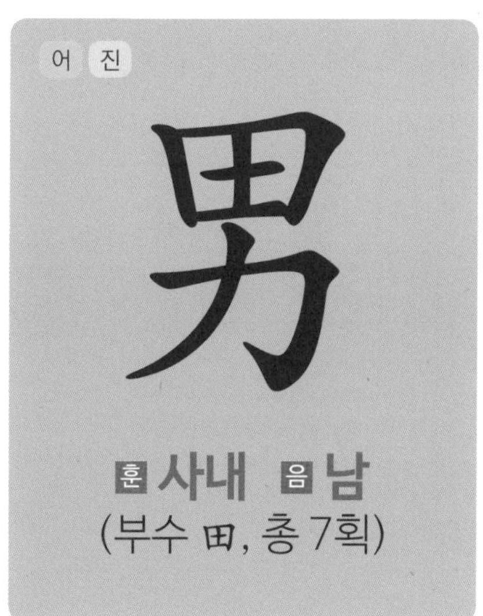

男 사내 남

男 사내 남

男 사내 남

생활 속 한자

- 우리 아버지는 長男(장남)입니다.
- 조금 전에 지나간 키가 큰 男子(남자)는 우리 오빠입니다.

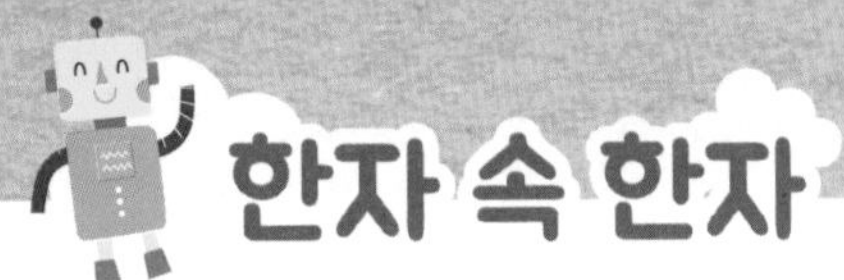

아들 자

뜻은 **아들**이고, **자**라고 읽어요.

子

포대기 안에 싸여 있는 아기의 머리와 작은 체구의 모습으로, '아들'이라는 뜻을 나타냅니다.

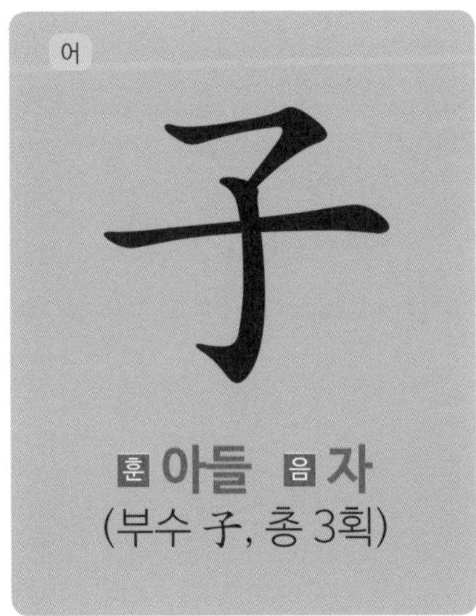

흐린 색의 글씨를 따라 써보세요.

생활 속 한자

- 선생님께서는 두 子女(자녀)를 두셨습니다.
- 우리 선생님은 弟子(제자)를 사랑하십니다.

기를 육

뜻은 기르다이고, 육이라고 읽어요.

育

여자와 여자 아래에 거꾸로 누워 있는 아이의 모습으로, '기르다'라는 뜻을 나타내며, 본래의 뜻은 '아이를 낳다'입니다.

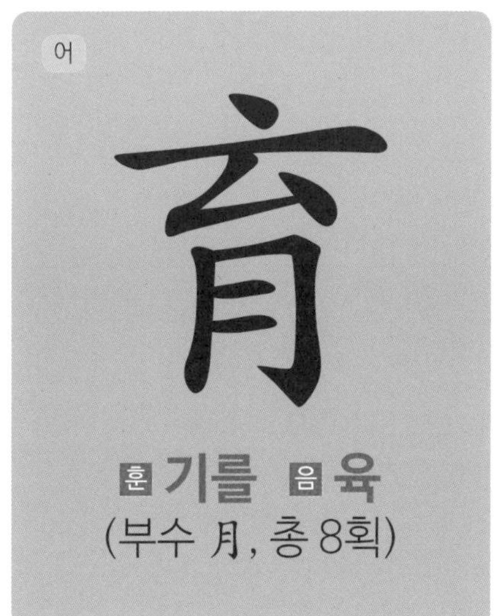

育	育	育
기를 육	기를 육	기를 육

생활 속 한자

- 어머니께서는 우리의 敎育(교육)에 관심이 많으십니다.
- '母育(모육)' 이란 말은 '어머니가 낳아 길러 주신다'는 뜻입니다.

할아버지/조상 조

뜻은 할아버지, 조상이고,
조라고 읽어요.

祖

제사상에 제물을 올려 놓고 선조에게 제사를 지내는 제단의 비석 모양으로, '할아버지, 조상'이라는 뜻을 나타냅니다.

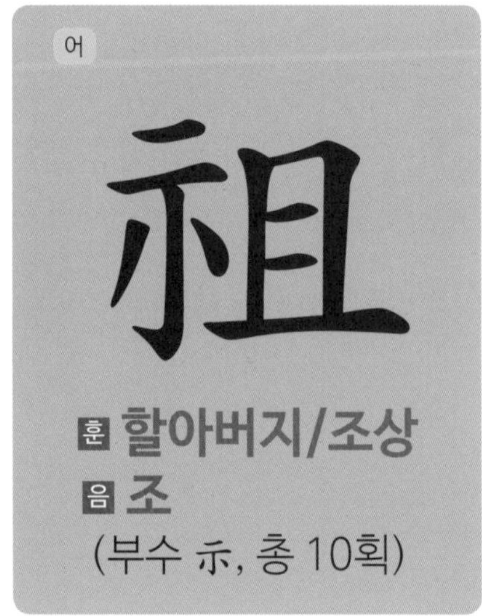

祖	祖	祖
할아버지/조상 조	할아버지/조상 조	할아버지/조상 조

흐린 색의 글씨를 따라 써보세요.

생활 속 한자

- 김구 선생님은 祖國(조국)의 독립을 위해 힘쓰셨습니다.
- 우리는 先祖(선조)들의 지혜를 본받아야 합니다.

늙을 로(노)

뜻은 늙다이고, 로(노)라고 읽어요.

耂 → 耂 → 耂 → 老

허리 굽은 노인이 지팡이를 짚고 서 있는 모습으로, '노인'이라는 뜻을 나타냅니다.

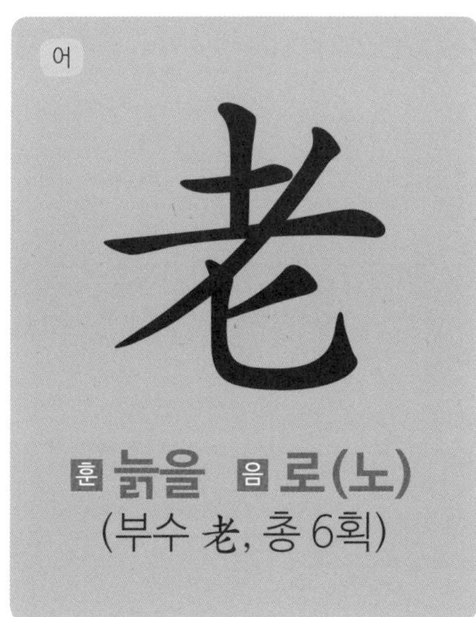

훈 늙을 음 로(노)
(부수 耂, 총 6획)

老	老	老
늙을 로(노)	늙을 로(노)	늙을 로(노)

생활 속 한자

- 윷놀이는 男女老少(남녀노소) 모두가 좋아하는 놀이입니다.
- 아버지는 老年(노년)에 전원생활을 즐기는 것이 꿈이라고 하셨습니다.

효도 효

뜻은 효도이고, 효라고 읽어요.

孝

지팡이를 대신하여 부모님을 업고 있는 자식의 모습으로, '효도'라는 뜻을 나타냅니다.

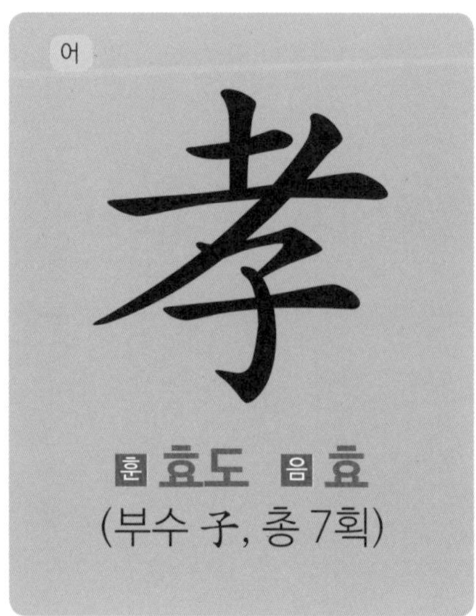

孝	孝	孝
효도 효	효도 효	효도 효

흐린 색의 글씨를 따라 써보세요.

생활 속 한자

- 할머니께서는 아버지가 孝子(효자)라고 하셨습니다.
- 심청이는 효성이 지극한 孝女(효녀)입니다.

리듬 속 한자

챈트 음원과 동영상이 들어있어요.

빈칸에 알맞은 한자를 써보세요.

 집 안의 돼지 **집 가**

 큰 소리로 기도문 외치는 **형 형**

 비녀 꽂고 서 있는 남자 **지아비 부**

 밭에서 힘쓰는 남자 **사내 남**

 아기의 머리와 몸 **아들 자**

 엄마와 누운 아이 **기를 육**

 제단의 비석 모양 **할아버지 조, 조상 조**

 지팡이 짚은 노인 **늙을 로, 늙을 노**

 부모님 업은 자식 **효도 효**

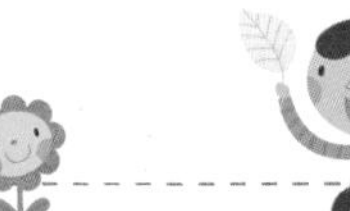

골든벨을 울려라!

부록 161, 162쪽 참조

1 부록에 있는 OX 카드를 자른다.
2 선생님은 한자가 보이게 한자 카드를 칠판에 붙인다.
3 칠판에 붙어 있는 한자와 선생님의 말이 일치하면 O를 들고, 일치하지 않으면 X를 든다.
4 틀린 학생은 다음 문제부터 참여할 수 없고, 끝까지 남는 학생이 승자가 된다.

문제 속 한자

1 아래 한자에 일치하는 자원 그림을 찾아 바르게 연결하세요.

(1) 男 ·　　　　㉠ 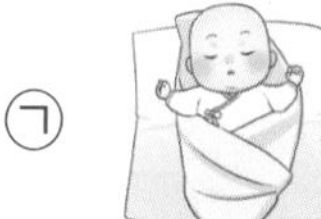

(2) 子 ·　　　　㉡ 

(3) 夫 ·　　　　㉢ 

(4) 兄 ·　　　　㉣ 

2 아래 한자에 알맞는 훈을 골라 ○를 하세요.

(1) 夫 (아버지 , 지아비)　　(2) 孝 (효도 , 늙다)

(3) 育 (기르다 , 배우다)　　(4) 家 (집 , 학교)

3 아래 한자에 알맞는 음을 골라 V표를 하세요.

(1) 祖 조 ☐ 사 ☐

(2) 老 노 ☐ 토 ☐

(3) 孝 자 ☐ 효 ☐

4 아래 훈과 음에 해당하는 한자를 빈칸에 쓰세요.

(1) 형 형 ☐　　(2) 사내 남 ☐

(3) 아들 자 ☐　　(4) 지아비 부 ☐

1 다음 漢字한자의 訓(훈: 뜻)과 音(음: 소리)을 쓰세요.

> 보기 日 → 해 일

(1) 祖 (　　　)　(2) 孝 (　　　)

(3) 母 (　　　)　(4) 長 (　　　)

(5) 家 (　　　)　(6) 男 (　　　)

(7) 育 (　　　)　(8) 女 (　　　)

2 다음 訓(훈: 뜻)과 音(음: 소리)에 맞는 漢字한자를 〈보기〉에서 골라 그 번호를 쓰세요.

> 보기
> ① 校　② 子　③ 老　④ 東
> ⑤ 夫　⑥ 兄　⑦ 大　⑧ 六

(1) 학교 교 (　　)　(2) 아들 자 (　　)

(3) 지아비 부 (　　)　(4) 늙을 노 (　　)

(5) 형 형 (　　)　(6) 동녘 동 (　　)

(7) 여섯 육 (　　)　(8) 큰 대 (　　)

3 다음 밑줄 친 漢字語한자어의 音(음: 소리)을 쓰세요.

> 보기 漢字 → 한자

(1) 그녀는 男子 친구에게 선물을 받고 무척 기뻐합니다. (　　　)

(2) 어머니는 長學金을 받은 아들을 무척 자랑스러워 하셨습니다. (　　　)

(3) 옆집에 사는 女子 아이는 귀엽습니다. (　　　)

(4) 나는 學校 생활이 즐겁습니다. (　　　)

4 다음 漢字語한자어의 뜻을 쓰세요.

(1) 孝子 :

(2) 家長 :

5 다음 漢字한자의 진하게 표시된 획은 몇 번째 쓰는지 〈보기〉에서 찾아 그 번호를 쓰세요.

> 보기
> ① 첫 번째 ② 두 번째 ③ 세 번째 ④ 네 번째
> ⑤ 다섯 번째 ⑥ 여섯 번째 ⑦ 일곱 번째
> ⑧ 여덟 번째 ⑨ 아홉 번째 ⑩ 열 번째

(1) 

(2) 祖

진흥회 알고 보면 한자어!!!

教 室 가르칠 **교** 집 **실**	학습 활동이 이루어지는 방 예 종이 울리자 학생들은 교실(教室)로 들어갑니다.
體 育 몸 **체** 기를 **육**	건강한 몸과 운동 능력을 기르는 일 예 나는 체육(體育)시간을 가장 좋아합니다.
體 驗 몸 **체** 시험 **험**	실제로 체험하는 느낌, 몸소 경험함 예 이 소설은 작가가 자신의 체험(體驗)을 바탕으로 쓴 것입니다.
學 習 배울 **학** 익힐 **습**	배워서 익힘 예 체험 학습(學習)을 가서 고구마, 감자도 캐고, 감도 땄습니다.
學 年 배울 **학** 해 **년(연)**	배우는 해 예 학년(學年)이 올라가면 새로운 내용을 배우게 됩니다.
計 劃 셀 **계** 그을 **획**	어떤 일을 위해서 생각해 놓음 예 나는 매일 아침 운동을 하기로 계획(計劃)하였습니다.

한자 수수께끼

1. 집 안에 돼지가 있는 한자는?

정답 家 집 가

宀(집 면) 아래에 豕(돼지 시)가 있음

2. 하늘보다 더 높다는 한자는?

정답 夫 지아비 부

天(하늘 천)을 뚫고 있음

02
살아있는 박물관 - 생활

오늘은 승빈이가 학교에서 정(正)직(直)한 어린이상을 받았어요. 승빈이 아버지는 승빈이를 칭찬하며 유(有)명한 동물 박물관에 데리고 갔어요.

매(每)사(事)에 호기심이 많은 승빈이는 박물관 입구에 있는 엄청나게 큰 공룡을 보고 진짜 공룡인지 궁금해서 만져 보았어요. 정말 동물이 눈앞에서 살아있는 것 같았어요. 승빈이는 그 공룡의 무서운 이빨을 보고는 겁이 나서 뒷걸음질을 치고 말았어요. 뒷걸음질 치다가 부딪힌 기린은 키가 무척 컸어요. 옆에는 당장이라도 승빈이를 향해 달려올 것 같은 호랑이가 날카로운 이빨을 드러내고 있었어요. 승빈이는 동물들을 바로 앞에서 보니 무섭기도 했지만, 정말 신기하고 소중(重)한 추억을 만들 수 있게 되어 기뻤어요. 이 많은 동물들을 한꺼번에 볼 수 있어서 정말 편(便)했어요.

점심을 먹고, 아버지가 잠시 앉아서 휴(休)식을 취하자고 하셨어요. 승빈이는 기분이 좋아서 토팡이와 노래를 흥얼거렸어요. 토팡이는 가(歌)수처럼 노래를 정말 잘 불렀어요.

그런데 갑자기 동물들이 하나둘씩 움직이기 시작하더니 승빈이와 토팡이를 향해 달려왔어요. 승빈이는 깜짝 놀라 토팡이와 함께 도망을 가는데 달려도 달려도 같은 자리만 맴돌고 있네요. 그때 아버지께서 승빈이를 부르며 깨우시네요.

"승빈아, 그만 일어나! 집에 가야지."

그림 속에 숨어있는 한자들을 찾아보세요.

每 매양 (매)　　事 일 (사)　　正 바를 (정)

直 곧을 (직)　　便 편할 (편)/똥오줌 (변)　　重 무거울 (중)

休 쉴 (휴)　　歌 노래 (가)　　有 있을 (유)

매양 **매**

뜻은 **매양**이고, **매**라고 읽어요.

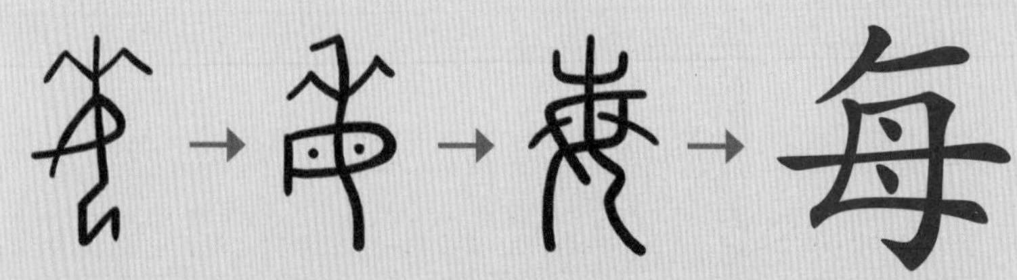

머리를 위로 묶거나 비녀를 꽂고 앉아 있는 어머니의 모습으로, '매양'이라는 뜻을 나타냅니다.

→ '늘, 언제나, 항상'이라는 뜻

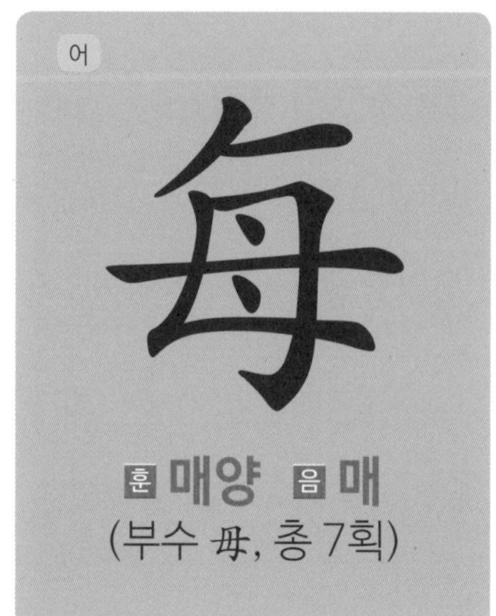

매양 **매**	매양 매	매양 매

→ 흐린 색의 글씨를 따라 써보세요.

생활 속 한자

- 每日(매일) 아침 운동을 합니다.
- 每年(매년) 이날에 행사가 열립니다.

일 사

뜻은 일이고, 사라고 읽어요.

事

깃발을 단 무기를 손으로 세우고 있는 모양으로, '일'이라는 뜻을 나타냅니다. 또한 옛날 관리들이 임금을 섬기는 일의 모습에서 '섬기다'라는 뜻도 나타냅니다.

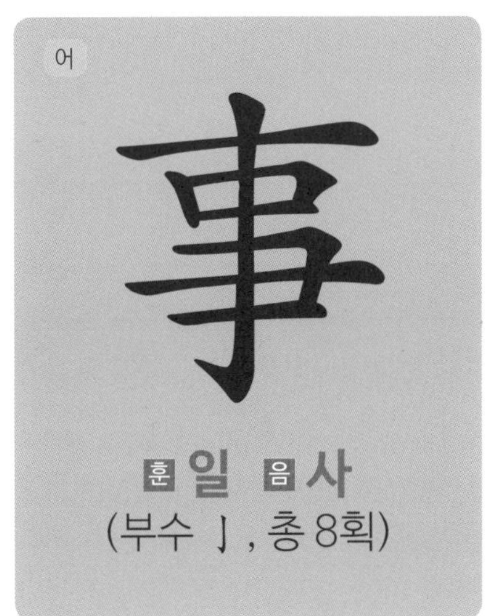

생활 속 한자

- 그는 每事(매사)에 의욕이 넘칩니다.
- 나는 몸이 아파서 萬事(만사)가 귀찮았습니다.

바를 정

뜻은 바르다이고, 정이라고 읽어요.

발이 어떤 목적지를 향해 나아가는 모습을 표현하면서 원래 정벌(征伐)의 뜻을 지녔으나, 요즘은 정벌하는 사람의 행위가 바른 일이므로 '바르다'라는 뜻을 나타냅니다.

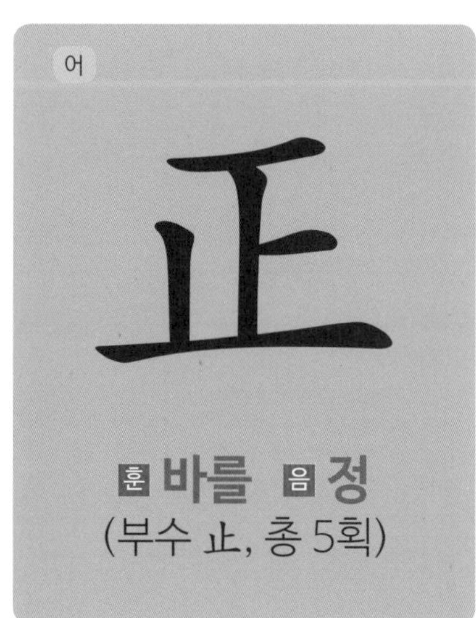

흐린 색의 글씨를 따라 써보세요.

생활 속 한자

- 나는 학교 正門(정문)에서 민호를 만나기로 했습니다.
- 正月(정월)대보름에는 오곡밥과 아홉 가지 나물을 먹습니다.

곧을 직

뜻은 곧다이고, 직이라고 읽어요.

곧은 물체를 눈 앞에 두고 살피는 모습으로, '곧다'라는 뜻을 나타냅니다.

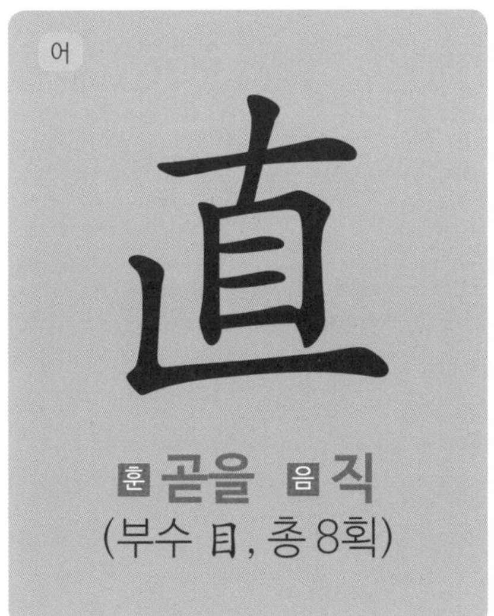

훈 곧을 음 직
(부수 目, 총 8획)

곧을 직

곧을 직

곧을 직

생활 속 한자

- 부모님께서는 늘 正直(정직)한 사람이 되라고 가르치셨습니다.
- 어떤 사실을 直面(직면)하더라도 너무 놀라지 마십시오.

편할 **편**/똥오줌 **변**

뜻은 **편하다/똥오줌**이고, **편/변**이라고 읽어요.

便 → 便 → 便

병사가 노예를 채찍으로 때려 쉽고 편하게 부리는 모습으로, '편하다'라는 뜻을 나타냅니다. 또한, 사람이 배설을 하면 편하기 때문에 '똥오줌'이라는 뜻도 있으며, 이때는 '변'이라고 읽습니다.

어

便

훈 **편할** 음 **편**
훈 **똥오줌** 음 **변**
(부수 亻, 총 9획)

便	便	便
편할 **편**/똥오줌 **변**	편할 편/똥오줌 변	편할 편/똥오줌 변

흐린 색의 글씨를 따라 써보세요.

생활 속 한자

- 매일 학교 버스를 타고 便安(편안)하게 등교를 합니다.
- 옛날에는 便所(변소)가 밖에 있었습니다.

무거울 중

뜻은 무겁다이고, 중이라고 읽어요.

사람이 무거운 자루를 등에 짊어지고 땅 위에 서 있는 모습으로, '무겁다'라는 뜻을 나타냅니다.

생활 속 한자

- 나는 무엇보다도 가족이 所重(소중)합니다.
- 이 重大(중대)한 시점에서 우리가 서로 도와야 합니다.

쉴 휴

뜻은 쉬다이고, 휴라고 읽어요.

休 → 休 → 休 → 休

사람(人 사람 인)이 나무(木 나무 목)에 기대어 쉬고 있는 모습으로, '쉬다'라는 뜻을 나타냅니다.

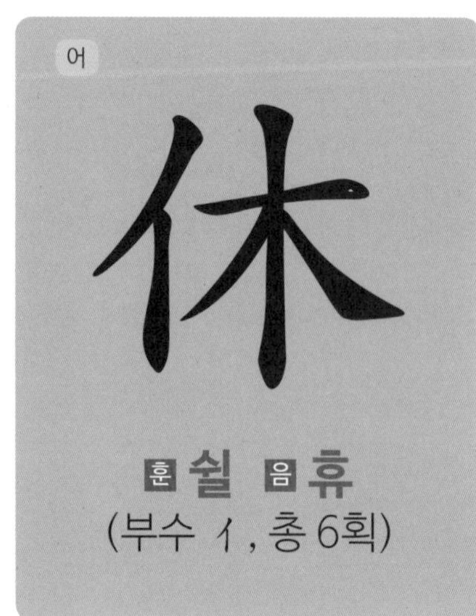

休	休	休
쉴 휴	쉴 휴	쉴 휴

흐린 색의 글씨를 따라 써보세요.

생활 속 한자

- 이번 休日(휴일)에 우리 가족은 캠핑을 가기로 했습니다.
- 가정 형편이 어려워져 형은 休學(휴학) 중입니다.

노래 가

뜻은 노래이고, 가라고 읽어요.

歌 → 歌 → 歌

하품(欠 하품 흠)하듯이 입을 벙긋거리며 소리치는 모습으로, '노래'라는 뜻을 나타냅니다.

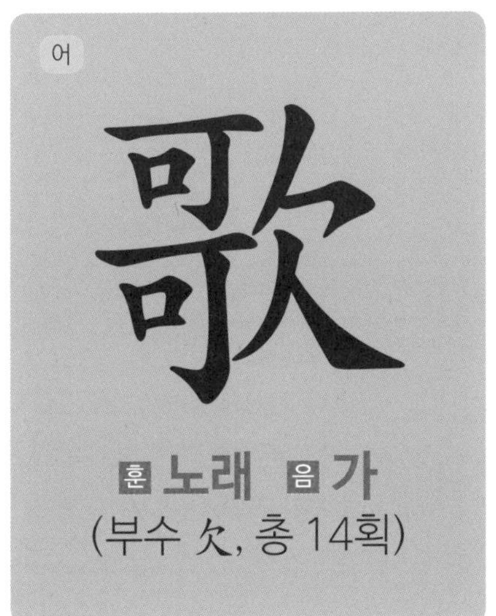

생활 속 한자

- 우리 학교 校歌(교가)는 신나고 흥겹습니다.
- 군인들이 힘차게 軍歌(군가)를 부릅니다.

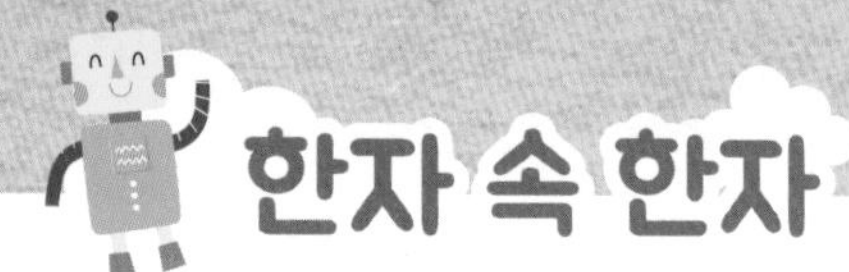

있을 유

뜻은 있다이고, 유라고 읽어요.

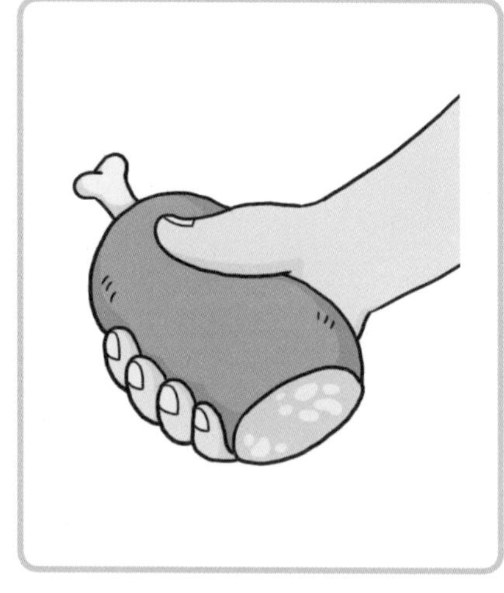

옛날에 자주 먹을 수 없었던 귀한 고기를 손에 쥐고 있는 모습으로, '있다'라는 뜻을 나타냅니다.

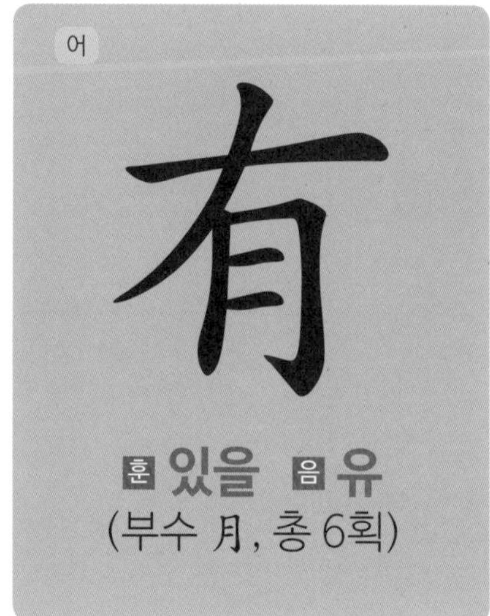

有	有	有
있을 유	있을 유	있을 유

흐린 색의 글씨를 따라 써보세요.

생활 속 한자

- 이천은 쌀 재배로 有名(유명)합니다.
- 독도는 대한민국 所有(소유)의 영토입니다.

리듬 속 한자

챈트 음원과 동영상이 들어있어요.

빈칸에 알맞은 한자를 써보세요.

비녀 꽂고 앉은 어머니 **매양 매**

손으로 잡은 깃발 단 무기 **일 사**

목적지 향하는 발의 모습 **바를 정**

곧은 물건 눈 앞에서 보는 모습 **곧을 직**

편하게 노예를 부리는 모습 **편할 편**

똥오줌을 싸고 편한 모습 **똥오줌 변**

무거운 자루 짊어지고 있는 모습 **무거울 중**

사람이 나무에 기대어 쉬는 **쉴 휴**

입을 벙긋거리며 소리치는 모습 **노래 가**

손에 고기를 들고 있는 모습 **있을 유**

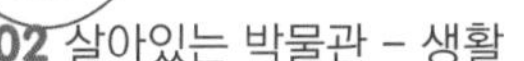

동물 로직

1 훈, 음을 보고 해당 한자를 아래에 순서대로 쓴다.
2 적은 한자를 보며 로직에 같은 한자를 찾아 색칠한다.
3 색칠해서 숨겨진 그림을 먼저 완성해서 말하는 팀(개인)이 이긴다.

매양 매	일 사	바를 정	곧을 직	편할 편	무거울 중	쉴 휴	노래 가	있을 유

教	軍	重	休	金	女	東	直	便	母	青	育	家	老	教
國	便	女	直	有	國	事	每	兄	正	女	夫	子	男	年
校	年	國	弟	重	休	正	弟	青	育	母	軍	父	校	六
南	九	兄	西	弟	直	門	九	國	祖	先	教	外	女	學
東	學	外	家	金	便	校	外	祖	孝	老	子	校	父	孝
教	大	弟	兄	育	休	九	門	年	先	男	大	女	大	祖
軍	青	西	直	每	重	便	歌	門	九	孝	青	軍	男	子
大	母	直	重	正	事	直	休	正	軍	育	外	家	老	先
六	正	有	事	歌	便	每	事	重	每	先	育	孝	軍	祖
校	每	直	有	每	休	有	歌	每	直	學	校	歌	東	便
事	每	學	事	歌	每	事	便	正	歌	事	南	每	直	事
休	重	休	直	正	重	有	休	歌	直	重	軍	歌	休	正
直	每	有	每	便	正	事	有	正	休	有	事	重	有	金
金	正	休	重	歌	重	休	重	每	直	重	歌	休	六	學
校	南	事	便	每	有	事	每	事	每	歌	每	金	南	教

문제 속 한자

1 아래 한자에 일치하는 자원 그림을 찾아 바르게 연결하세요.

(1) 事 · ㉠ 

(2) 重 · ㉡ 

(3) 休 · ㉢ 

(4) 有 · ㉣ 

2 아래 한자에 알맞는 훈을 골라 ○를 하세요.

(1) 重 (무겁다 , 가운데)

(2) 歌 (노래 , 편하다)

(3) 休 (쉬다 , 나무)

(4) 有 (고기 , 있다)

3 아래 한자의 훈과 음을 빈칸에 쓰세요.

(1) 事 [ ]

(2) 便 [ ]

(3) 直 [ ]

(4) 歌 [ ]

4 아래 훈과 음에 해당하는 한자를 빈칸에 쓰세요.

(1) 바를 정 [ ]

(2) 매양 매 [ ]

(3) 쉴 휴 [ ]

(4) 편할 편 [ ]

1 다음 밑줄 친 漢字語한자어의 音(음: 소리)을 쓰세요.

보기 漢字 → 한자

(1) 우리 언니는 每事에 성실한 학생입니다. (　　　)

(2) 나침반은 東西南北을 지시하는 데 쓰입니다. (　　　)

(3) 내 짝은 매우 正直해서 거짓말을 하는 일이 없습니다. (　　　)

(4) 경주는 韓國의 명승고적지로 널리 알려져 있습니다. (　　　)

2 다음 漢字한자의 訓(훈: 뜻)과 音(음: 소리)을 쓰세요.

보기 日 → 해 일

(1) 便 (　　　)　(2) 重 (　　　)

(3) 歌 (　　　)　(4) 直 (　　　)

(5) 每 (　　　)　(6) 先 (　　　)

(7) 教 (　　　)　(8) 休 (　　　)

3 다음 訓(훈: 뜻)과 音(음: 소리)에 맞는 漢字한자를 〈보기〉에서 골라 그 번호를 쓰세요.

보기

① 正　② 有　③ 家　④ 歌

⑤ 每　⑥ 事　⑦ 孝　⑧ 水

(1) 노래 가 (　　)　(2) 집 가 (　　)

(3) 있을 유 (　　)　(4) 바를 정 (　　)

(5) 효도 효 (　　)　(6) 일 사 (　　)

(7) 물 수 (　　)　(8) 매양 매 (　　)

4 다음 漢字語한자어의 뜻을 쓰세요.

(1) 休學 :

(2) 不便 :

5 다음 漢字한자의 진하게 표시된 획은 몇 번째 쓰는지 〈보기〉에서 찾아 그 번호를 쓰세요.

보기

① 첫 번째　② 두 번째　③ 세 번째

④ 네 번째　⑤ 다섯 번째　⑥ 여섯 번째

⑦ 일곱 번째　⑧ 여덟 번째　⑨ 아홉 번째

⑩ 열 번째　⑪ 열한 번째　⑫ 열두 번째

⑬ 열세 번째　⑭ 열네 번째

(1) 

(2) 

진흥회 알고 보면 한자어!!!

正 直 바를 **정** 곧을 **직**	거짓이나 꾸밈이 없이 바르고 곧음 예 '정직(正直)한 마음으로 최선을 다하자!'라고 함께 외쳤습니다.
正 確 바를 **정** 굳을 **확**	바르고 확실함 예 글씨를 연습할 때는 한 글자 한 글자 정확(正確)하게 써야 합니다.
準 備 준할 **준** 갖출 **비**	미리 마련하여 갖춤 예 내일까지 새 교과서 준비(準備)를 해 놓으세요.
重 要 무거울 **중** 요긴할 **요**	귀중하고 요긴함 예 운동회는 우리 학교의 중요(重要) 행사입니다.
整 理 가지런할 **정** 다스릴 **리**	가지런하게 바로 잡음 예 아직 방이 정리(整理)가 덜 되어서 책을 찾을 수가 없습니다.

한자 수수께끼

1. 어머니가 모자 쓴 한자는?

정답 每 매양 매

母(어미 모) 위에 人(사람 인) 모양의 모자 씀

2. 사람이 나무 옆에서 쉬고 있는 한자는?

정답 休 쉴 휴

亻(사람 인) 옆에 木(나무 목)이 있음

03 용왕님과 토팡이 - 신체

토팡이는 반짝거리는 진주를 보며 용왕님과 친구 자라를 생각하고 있어요. 승빈이는 토팡이가 많은 진주를 가지고 있는 게 신기해서 어디서 생긴 건지 물어보니 토팡이가 어릴 적 이야기를 들려주네요.

"예전에 내가 살던 마을 입구(口)에서 자라가 보낸 편지를 받은 적이 있어. 편지에는 '용왕님이 많이 먹기만 하고 운동을 안 해서 수(手)족(足)은 물론이고, 심(心)장까지 아픈데, 치료하려면 너의 간이 필요하다고 하는구나. 내일 용왕님이 너를 잡으러 토끼 나라로 갈 거야. 목(目)표는 너의 간을 가져오는 거야.'라고 쓰여 있었어.

편지를 받은 다음 날 아침, 용왕님은 진짜 우리 집에 나를 찾아왔어. 용왕님은 나에게 도망가지 말라고 명(命)령했지만, 나는 듣지 않았어. 그러자 용왕님은 체면(面) 따위는 신경도 쓰지 않고 이리 뛰고 저리 뛰며 나를 잡으려고 노력(力)했지. 용궁의 의원이 용왕님을 찾으러 왔다가 용왕님의 홀쭉해진 모습을 보고 깜짝 놀라서 검진을 했는데, 이상하게도 그사이 용왕님의 병이 다 나아 있었어. 그래서 용왕님은 나에게 고맙다며 진주 50알을 주고 용궁으로 떠났어. 그때 받은 진주가 바로 이 진주야. 내 친구 자라도 잘 지내는지 궁금하네."

토팡이의 이야기를 듣고 나니 승빈이도 바닷속 용궁이 무척이나 궁금해졌어요. 승빈이의 마음을 알아차린 토팡이는 승빈이를 위해 다음에 바닷속 용궁으로 여행을 가기로 약속했어요.

그림 속에 숨어있는 한자들을 찾아보세요.

面 낯/얼굴 (면)	目 눈 (목)	手 손 (수)	口 입 (구)
足 발 (족)	心 마음 (심)	命 목숨 (명)	力 힘 (력/역)

낮/얼굴 면

뜻은 낮, 얼굴이고, 면이라고 읽어요.

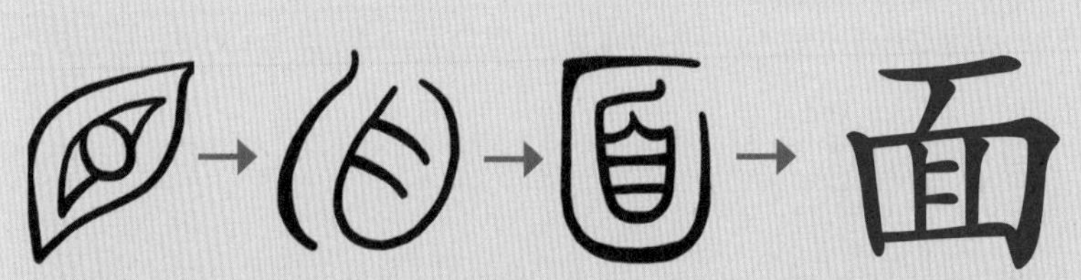

밖은 얼굴의 윤곽, 안에 있는 것은 눈의 모습으로, '얼굴, 낯'이라는 뜻을 나타냅니다.

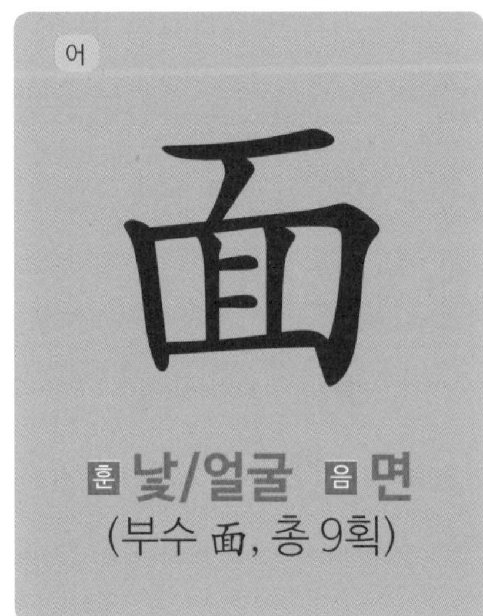

面	面	面
낯/얼굴 **면**	낯/얼굴 면	낯/얼굴 면

흐린 색의 글씨를 따라 써보세요.

생활 속 한자

- 正面(정면)에 보이는 것이 청와대입니다.
- 그 배우는 內面(내면) 연기가 인상적입니다.

눈 목

뜻은 눈이고, 목이라고 읽어요.

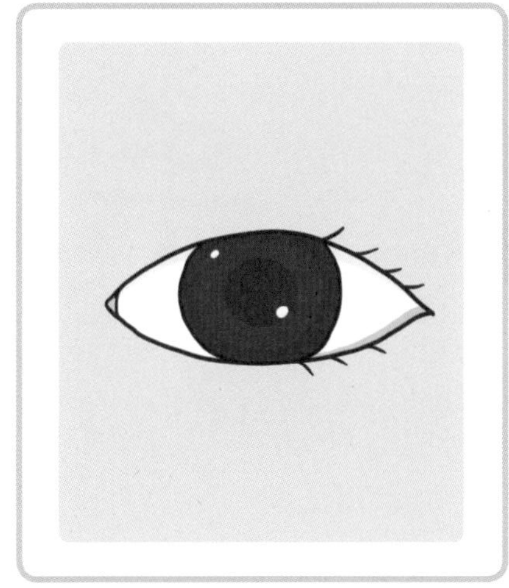

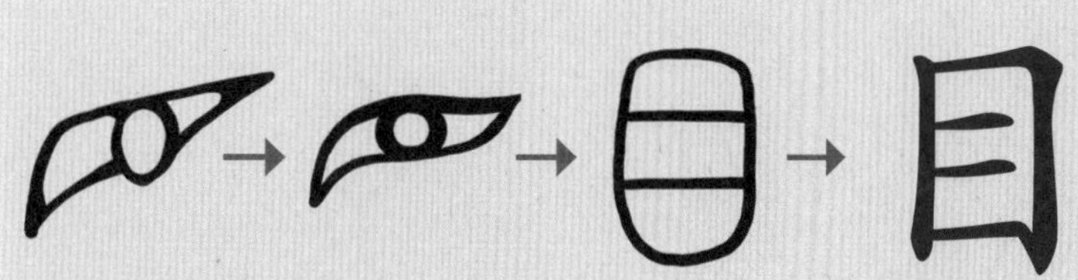

사람의 눈 모양에서 눈을 세운 모습에 거리가 생기게 되어 '눈'이라는 뜻을 나타냅니다.

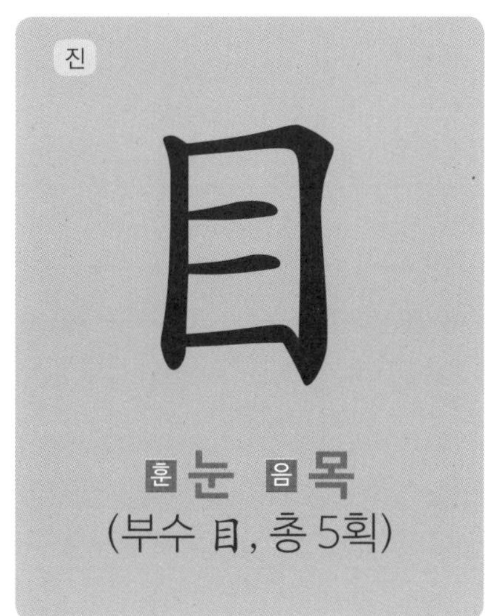

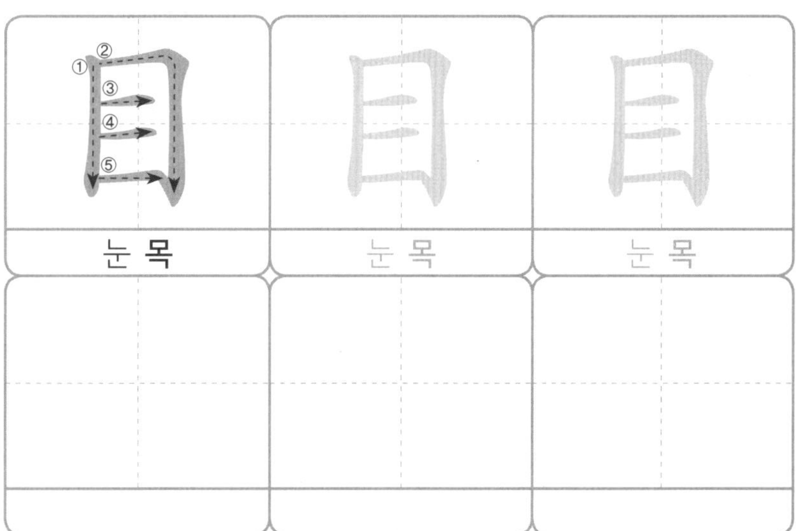

생활 속 한자

- 그의 직책은 名目(명목)뿐인 사장이었습니다.
- 서울은 세계적인 도시의 面目(면목)을 지녔습니다.

손 수

뜻은 손이고, 수라고 읽어요.

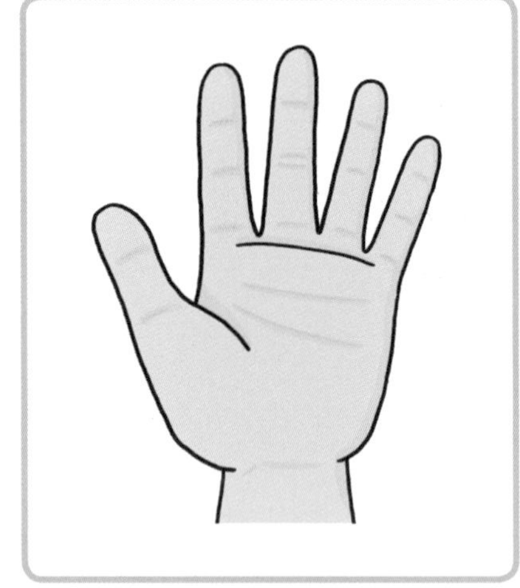

사람의 다섯 손가락을 벌린 손바닥과 팔목 모습으로, '손'이라는 뜻을 나타냅니다.

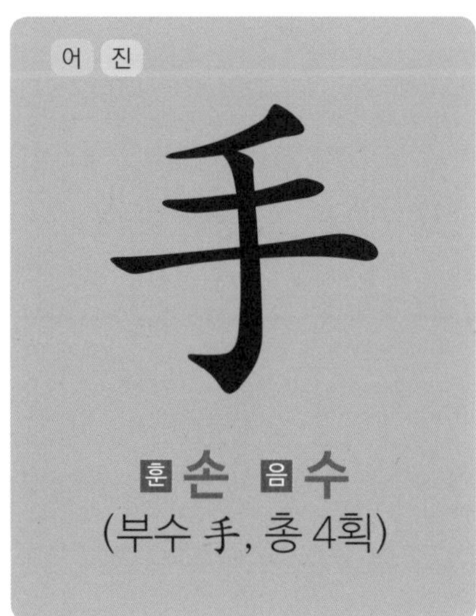

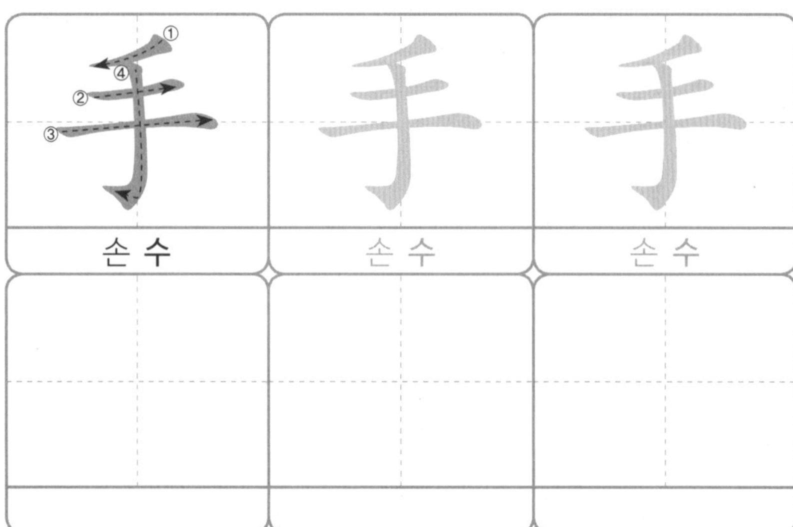

흐린 색의 글씨를 따라 써보세요.

생활 속 한자

* '手' 자는 일부 '명사' 뒤에 붙어서 '그 일에 종사하는 사람'을 나타냅니다.
(예) 가수(歌手), 목수(木手)

- 엄마는 木手(목수)를 데려다 토끼장을 짰습니다.
- 나는 멋진 歌手(가수)가 되고 싶습니다.

입 구

뜻은 입이고, 구라고 읽어요.

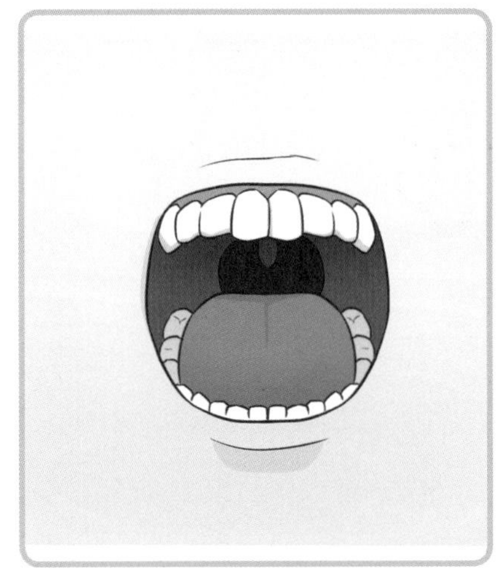

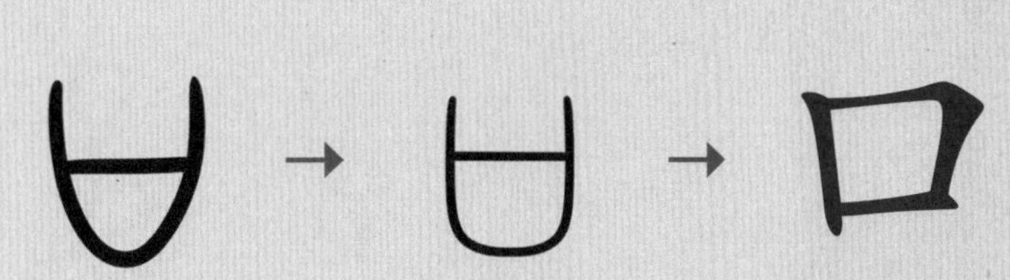

입을 벌리고 웃는 모습으로, '입'이라는 뜻을 나타냅니다.

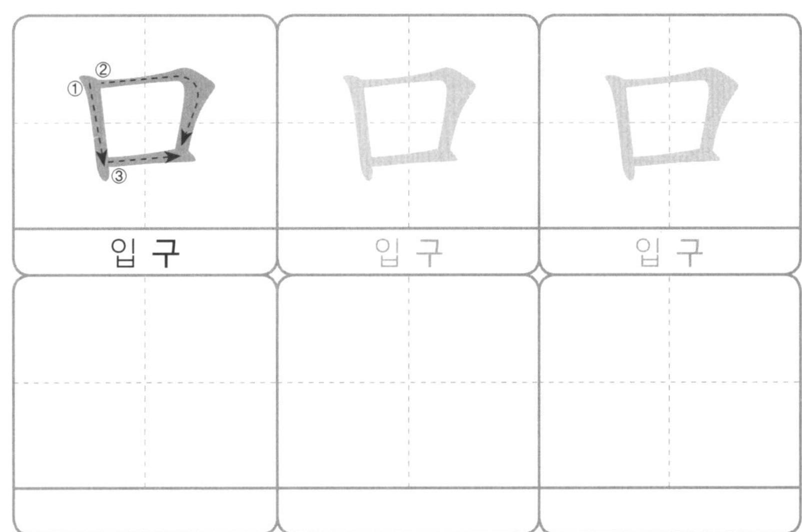

생활 속 한자

- 이 집은 네 家口(가구)가 살고 있습니다.
- 내가 태어난 곳은 人口(인구)가 십만도 안 되는 작은 마을입니다.

발 족

뜻은 발이고, 족이라고 읽어요.

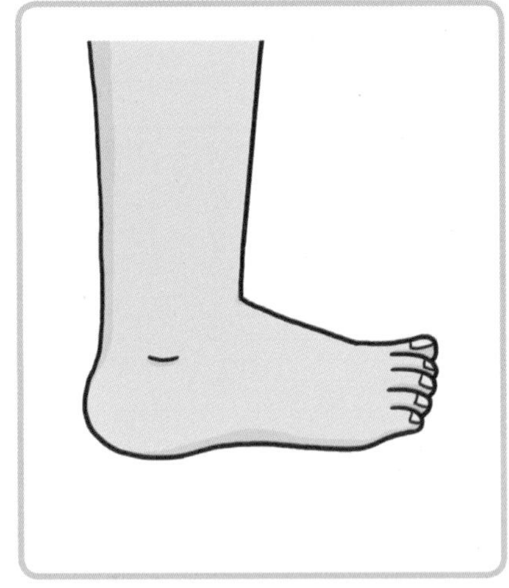

足

사람의 종아리 주위와 발가락과 발뒤꿈치 등 발의 여러 부분의 모습으로, '발'이라는 뜻을 나타냅니다.

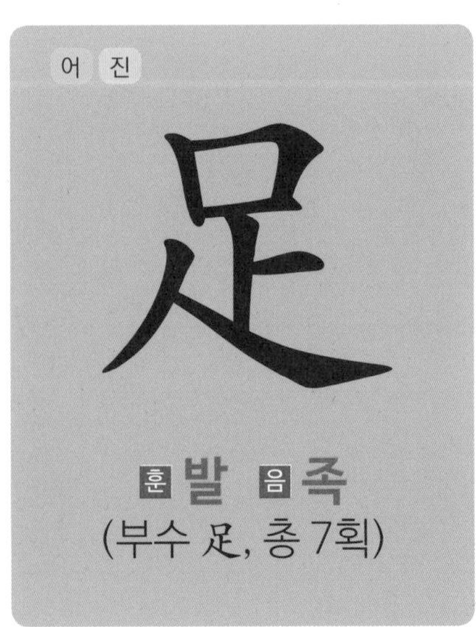

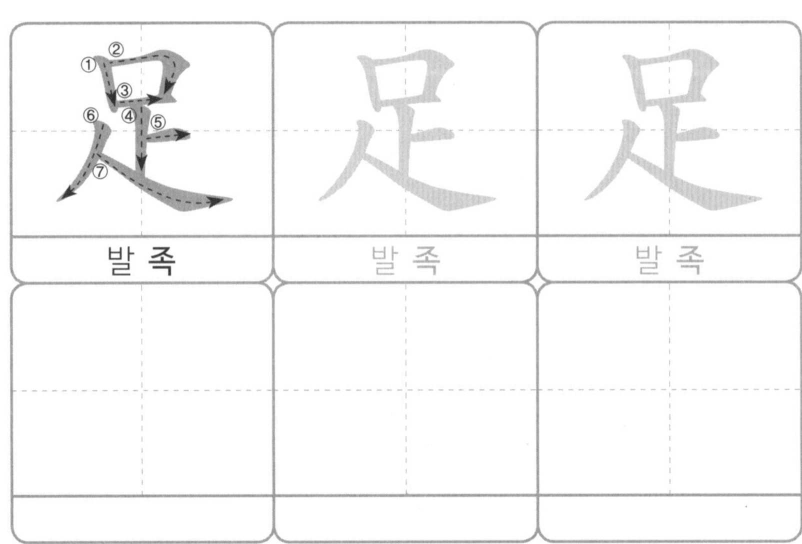

흐린 색의 글씨를 따라 써보세요.

생활 속 한자

- 우리나라는 날로 長足(장족)의 발전을 거듭하고 있습니다.
- 그는 手足(수족)을 못 쓰시는 아버지를 정성껏 간호했습니다.

마음 심

뜻은 마음이고, 심이라고 읽어요.

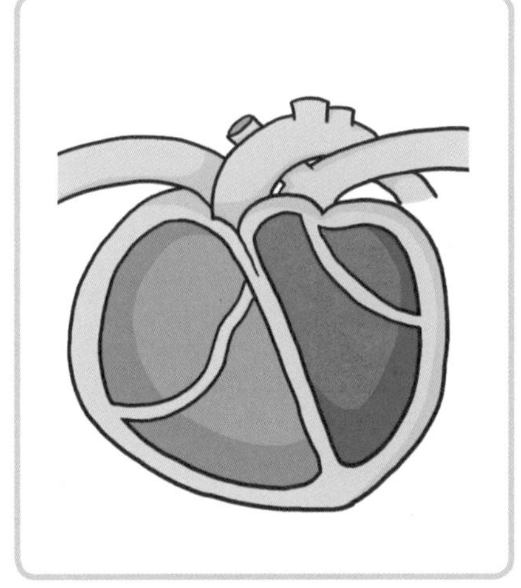

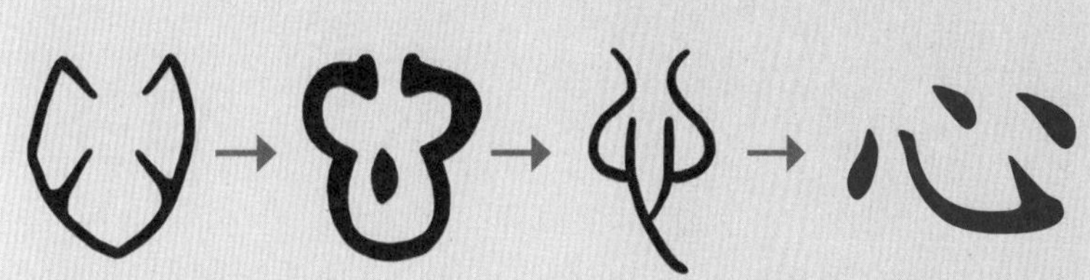

심장의 모습으로 '마음'이라는 뜻을 나타냅니다. 심장이 인체의 중앙에 위치하므로 '중앙, 중심'이라는 뜻으로도 쓰입니다.

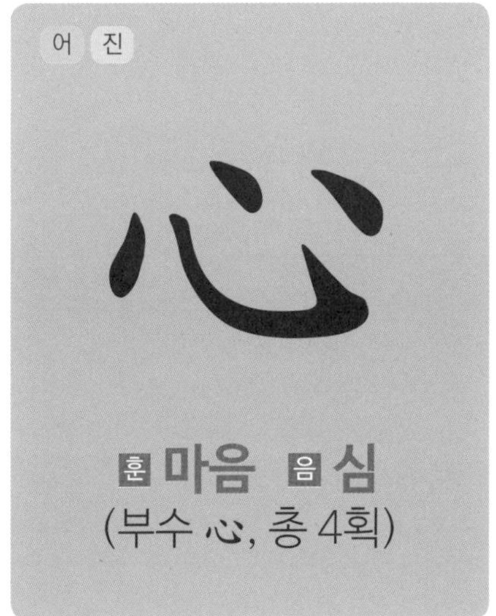

훈 마음 음 심
(부수 心, 총 4획)

① ② ③ ④
마음 심
마음 심
마음 심

생활 속 한자

- 학교 정원의 연못은 水心(수심)이 어디가 될까요?
- 평균대 위에 올라서면 中心(중심)을 잡기가 어렵습니다.

목숨 명

뜻은 **목숨**이고, **명**이라고 읽어요.

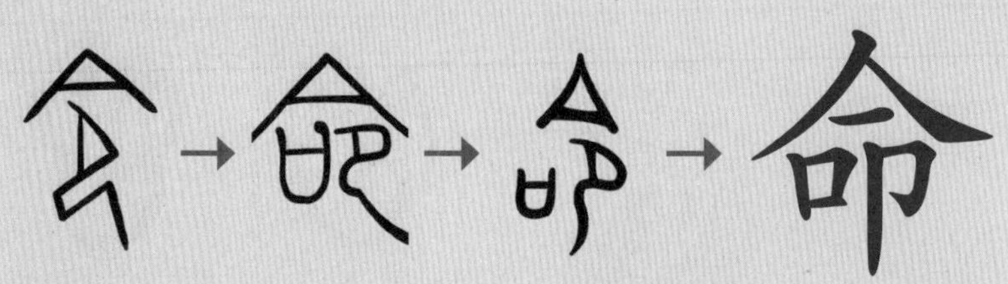

높은 사람이 무릎을 꿇은 사람에게 입으로 명령을 내리는 모습으로 '목숨'이라는 뜻을 나타냅니다.

命	命	命
목숨 **명**	목숨 명	목숨 명

흐린 색의 글씨를 따라 써보세요.

생활 속 한자

- 화살은 보기 좋게 과녁 한복판에 命中(명중)했습니다.
- 오랫동안 출혈이 되면 生命(생명)이 위독합니다.

힘 력(역)

뜻은 힘이고, 력(역)이라고 읽어요.

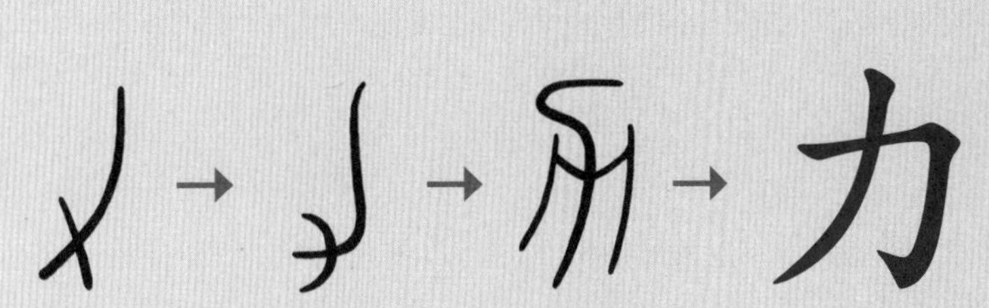

농기구 '가래'의 모양으로, 팔에 힘을 주었을 때 근육이 불거진 모습에서 '힘'이라는 뜻을 나타냅니다.

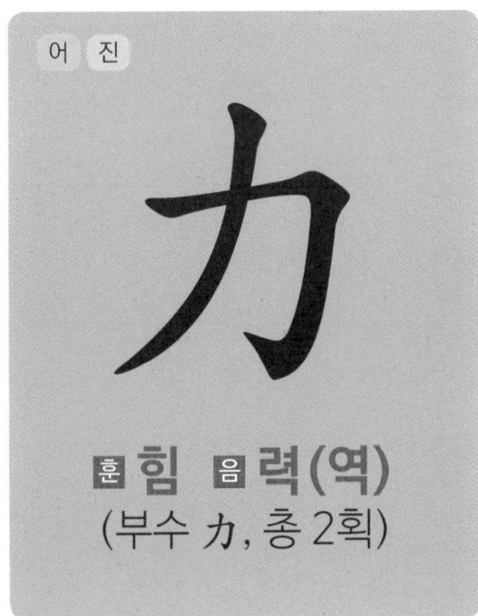

力	力	力
힘 력(역)	힘 력(역)	힘 력(역)

생활 속 한자

- 火力(화력)이 매우 강하니 조심해야 합니다.
- 人力(인력)으로 안되는 일은 하늘의 뜻에 맡겨야 된다고 하셨습니다.

리듬 속 한자

챈트 음원과 동영상이
들어있어요.

빈칸에 알맞은
한자를 써보세요.

눈이 그려진 얼굴 모양 **낯 면, 얼굴 면**

세워있는 눈 **눈 목**

다섯 손가락과 팔목 **손 수**

입 벌리고 웃는 모습 **입 구**

사람의 발 모양 **발 족**

심장의 모습 **마음 심**

입으로 명령을 내리는 **목숨 명**

팔 근육의 모습 **힘 력, 힘 역**

가위 바위 보 게임!

1 3과에서 배운 한자 카드를 각자 자기 책상 위에 한자가 보이게 한 줄로 늘어놓는다.

2 두 사람씩 짝을 지어 "가위 바위 보"를 하여 이긴 학생이 제일 오른쪽 한자 카드의 한자부터 한 장씩 보고 훈과 음을 말한다.

3 한자 카드를 뒤집어서 정답을 확인한 후, 맞게 말했을 경우 그대로 두고 다시 "가위 바위 보"를 해서 게임을 진행한다. 틀리게 말했을 경우에는 다시 한자가 보이게 뒤집어 놓는다.

4 위의 단계를 반복해서 가장 왼쪽에 있는 한자 카드까지 정답을 맞혀서 카드를 모두 뒤집으면 이긴다.

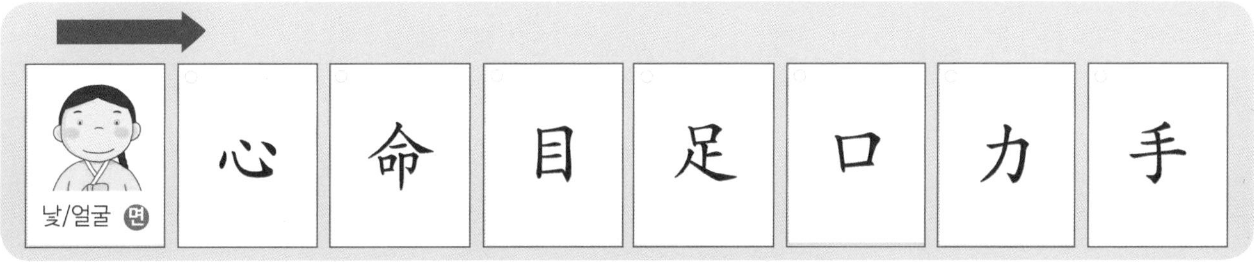

낮 면

낮/얼굴 면	心	命	目	足	口	力	手

目	口	面	足	命	手	힘 력	마음 심

힘 력

문제 속 한자

1 아래 한자에 일치하는 자원 그림을 찾아 바르게 연결하세요.

(1) 口 ·　　　　　　　　　　　　　　　　　　㉠ 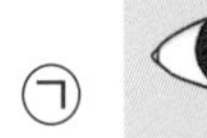

(2) 心 ·　　　　　　　　　　　　　　　　　　㉡ 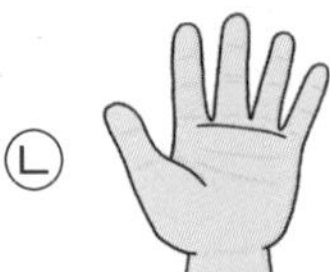

(3) 手 ·　　　　　　　　　　　　　　　　　　㉢ 

(4) 目 ·　　　　　　　　　　　　　　　　　　㉣ 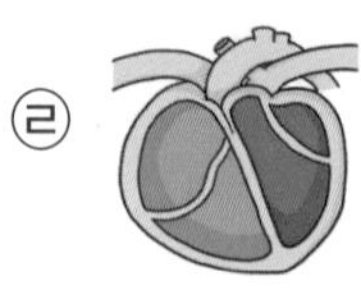

2 아래 한자에 알맞는 훈을 골라 ○를 하세요.

(1) 命 (생명 , 목숨)　　　　(2) 面 (일백 , 낯)

(3) 手 (손 , 털)　　　　(4) 足 (발 , 입)

3 아래 한자에 알맞는 음을 골라 V표를 하세요.

(1) 心 심 ☐ 사 ☐

(2) 目 백 ☐ 목 ☐

(3) 口 일 ☐ 구 ☐

4 아래 훈과 음에 해당하는 한자를 빈칸에 쓰세요.

(1) 힘 력 ☐　　　　(2) 발 족 ☐

(3) 눈 목 ☐　　　　(4) 마음 심 ☐

실전 속 한자 어문회

1 다음 漢字한자의 訓(훈: 뜻)과 音(음: 소리)을 쓰세요.

보기 三 → 석 삼

(1) 門 (　　　)　(2) 面 (　　　)

(3) 足 (　　　)　(4) 心 (　　　)

(5) 弟 (　　　)　(6) 南 (　　　)

(7) 名 (　　　)　(8) 命 (　　　)

2 다음 訓(훈: 뜻)과 音(음: 소리)에 맞는 漢字한자를 〈보기〉에서 골라 그 번호를 쓰세요.

보기

① 青　② 萬　③ 口　④ 手

⑤ 子　⑥ 室　⑦ 小　⑧ 寸

(1) 푸를 청 (　　)　(2) 손 수 (　　)

(3) 아들 자 (　　)　(4) 입 구 (　　)

(5) 마디 촌 (　　)　(6) 작을 소 (　　)

(7) 집 실 (　　)　(8) 일만 만 (　　)

3 다음 밑줄 친 漢字語한자어의 音(음: 소리)을 쓰세요.

보기 漢字 → 한자

(1) 休日이면 산에 오릅니다. (　　　)

(2) 그 青年들은 밥 한 그릇을 뚝딱 비웠습니다. (　　　)

(3) 그는 교통사고로 인해 手足을 움직일 수 없다. (　　　)

(4) 우리 男便은 평범한 회사원입니다. (　　　)

4 다음 빈칸 안에 알맞는 漢字한자를 〈보기〉에서 골라 그 번호를 쓰세요.

보기

① 學　② 口　③ 足　④ 中

(1) 休 [　] : 학교를 쉼, 배움을 쉼

(2) 手 [　] : 손 안

5 다음 漢字한자의 진하게 표시된 획은 몇 번째 쓰는지 〈보기〉에서 찾아 그 번호를 쓰세요.

보기

① 첫 번째 ② 두 번째 ③ 세 번째 ④ 네 번째
⑤ 다섯 번째 ⑥ 여섯 번째 ⑦ 일곱 번째
⑧ 여덟 번째 ⑨ 아홉 번째 ⑩ 열 번째

(1) 

(2) 

04 말하는 코끼리 코식이 - 동작

승빈이는 동물을 매우 좋아해요. 지난번 동물 박물관에 갔다 와서 승빈이는 살아있는 동물을 실제로 보고 싶어졌어요. 그래서 토팡이와 국립(立)동물원에 동물 구경을 가기로 했어요.

동물원 출(出)입(入)구를 지나자 코끼리가 보였어요. 승빈이는 어렸을 때부터 코끼리가 좋았어요. 코끼리의 기다란 코와 부채 같은 큰 귀가 정말 마음에 들었거든요. 승빈이는 아침 식(食)사 중인 코끼리 가족을 만났어요. 코끼리 가족은 아빠, 엄마, 아기코끼리, 그리고 코식이 이렇게 네 식구예요. 태어난 지 일주일 된 아기코끼리는 작았지만 모든 활(活)동(動)을 할 수 있어요. 토팡이는 코식이가 사람과 대화(話)를 할 수 있는 코끼리라고 알려줬어요. 코식이가 승빈이의 마음을 알았는지 승빈이에게 타라는 듯이 앞다리를 구부리며 말을 했어요.

"내 등에 올라타!"

승빈이와 토팡이가 코끼리 등에 올라타자 산꼭대기에 올라온 것 같은 기분이 들었어요. 아기코끼리가 연못으로 들어가 승빈이에게 물을 뿌렸어요. 승빈이가 신기하고 즐거워서 박수를 치자 코식이가 이번에는 "좋아! 좋아!"라며 말했어요. 승빈이는 코식이가 무척 마음에 들어서 아침마다 코식이를 타고 등(登)교하고 싶다는 생각을 하고 있는데, 붕붕우산에 불이 깜빡깜빡 들어왔어요. 벌써 헤어져야 할 시간이 되었나 봐요. 승빈이는 코식이에게 "내(來)일도 네가 너무 보고 싶을 것 같아."라고 말하며 인사하고 집으로 돌아왔어요. 승빈이는 코식이와 더 오래 같이 있지 못해서 정말 아쉬웠어요.

그림 속에 숨어있는 한자들을 찾아보세요.

出 날 (출)	入 들 (입)	活 살 (활)
動 움직일 (동)	立 설 (립/입)	登 오를 (등)
來 올 (래/내)	食 먹을/밥 (식)	話 말씀 (화)

날 출

뜻은 날(나오다)이고, 출이라고 읽어요.

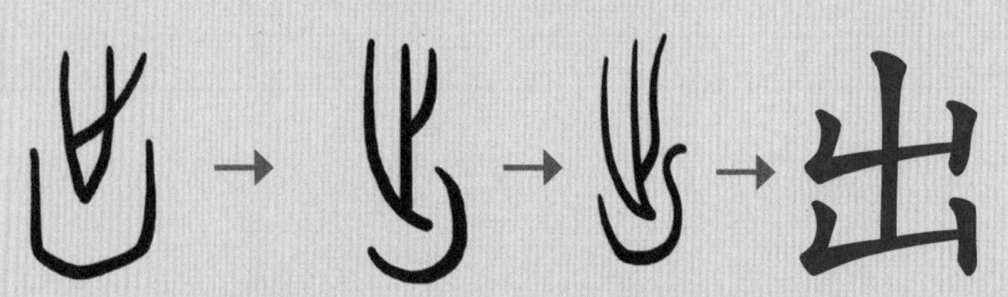

옛날 사람들이 살았던 지역의 경계로부터 발이 벗어나는 모습으로, '나오다'라는 뜻을 나타냅니다.

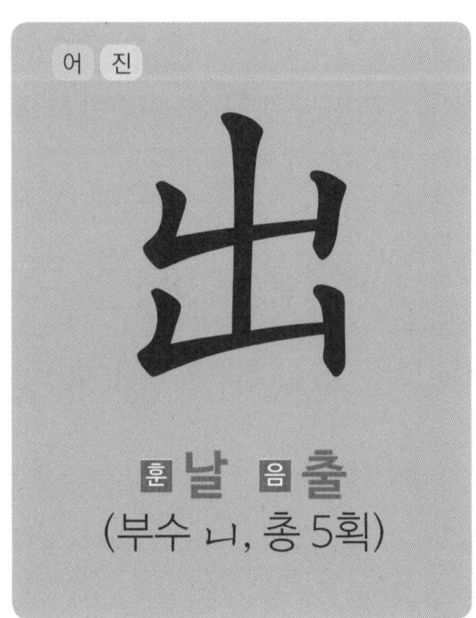

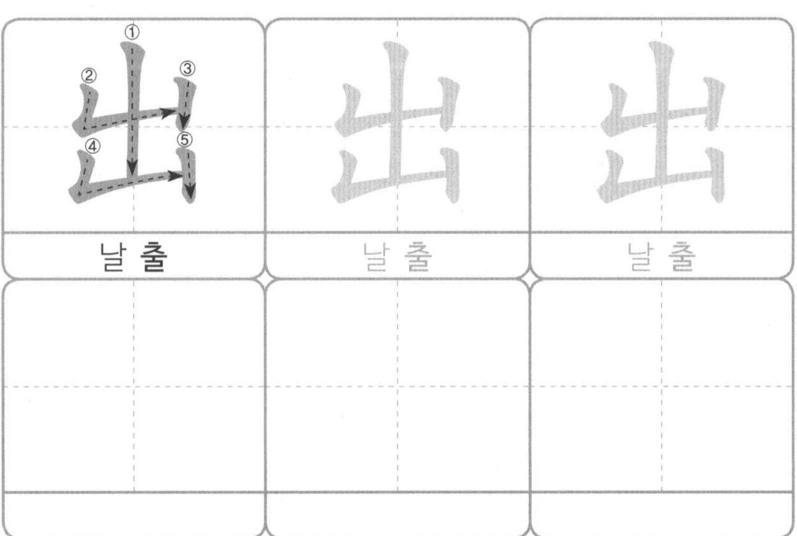

흐린 색의 글씨를 따라 써보세요.

생활 속 한자

- 外出(외출)할 때는 부모님께 돌아올 시간을 말씀드려야 합니다.
- 공항은 出國(출국)하는 사람들로 늘 붐빕니다.

들 입

뜻은 들(들어가다)이고, 입이라고 읽어요.

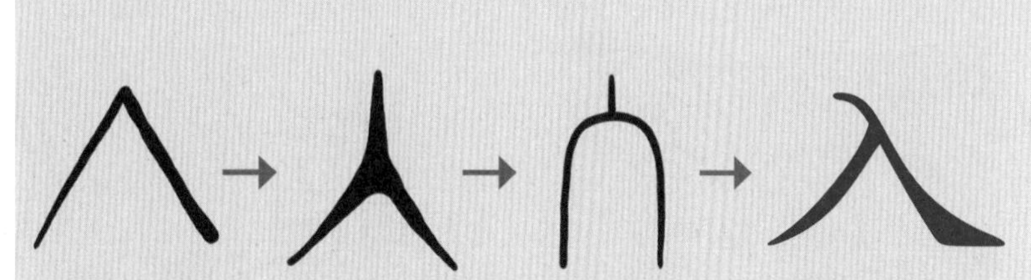

옛날 사람들이 생활하던 동굴 입구의 모양으로, '들어가다'의 뜻을 나타냅니다.

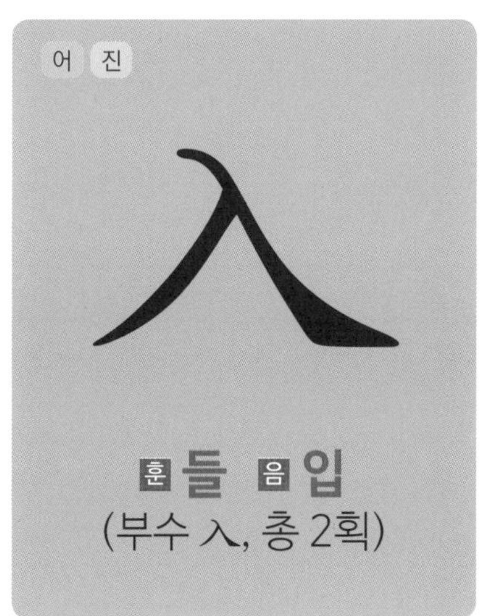

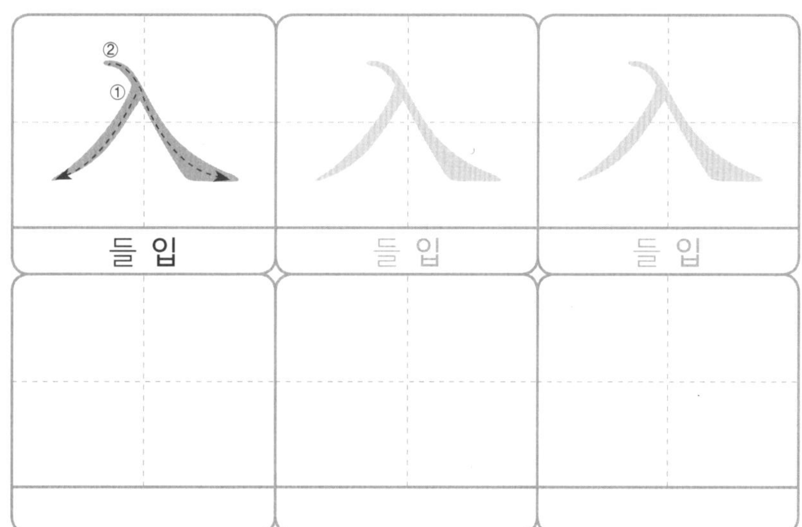

생활 속 한자

- 나는 올해 중학교에 入學(입학)합니다.
- 우리 학교 강당에는 出入口(출입구)가 여러 개 있습니다.

살 활

뜻은 살다이고, 활이라고 읽어요.

活 → 活 → 活

물이 힘차게 소리를 내며 흐르는 모습으로, '살다'라는 뜻을 나타냅니다.

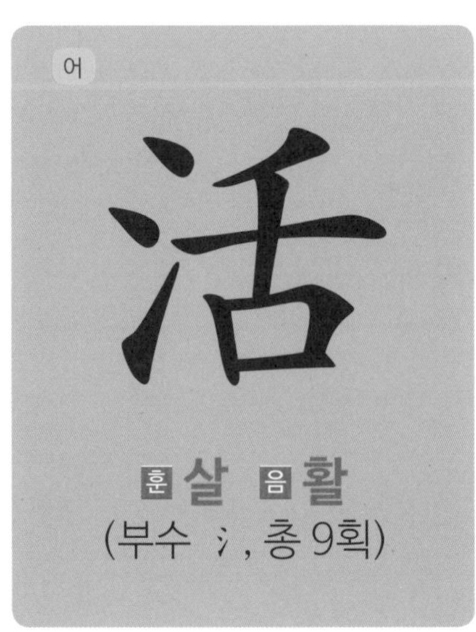

活	活	活
살 활	살 활	살 활

→ 흐린 색의 글씨를 따라 써보세요.

생활 속 한자

- 방학 숙제로 야생 동물의 生活(생활)을 관찰하였습니다.
- 철호는 축구를 할 때 가장 活力(활력)이 넘칩니다.

움직일 동

뜻은 움직이다이고, 동이라고 읽어요.

無 → 無 → 動 → 動

무거운 짐을 짊어진 사람이 농기구로 힘을 쓰며 땅을 일구는 모습으로, '움직이다'라는 뜻을 나타냅니다.

어

動

훈 움직일 음 동
(부수 力, 총 11획)

動	動	動
움직일 동	움직일 동	움직일 동

생활 속 한자

- 나는 다리를 다쳐서 活動(활동)이 어렵습니다.
- 이 장난감은 手動(수동)이기 때문에 매번 태엽을 감아줘야 움직입니다.

설 립(입)

뜻은 서다이고, 립(입)이라고 읽어요.

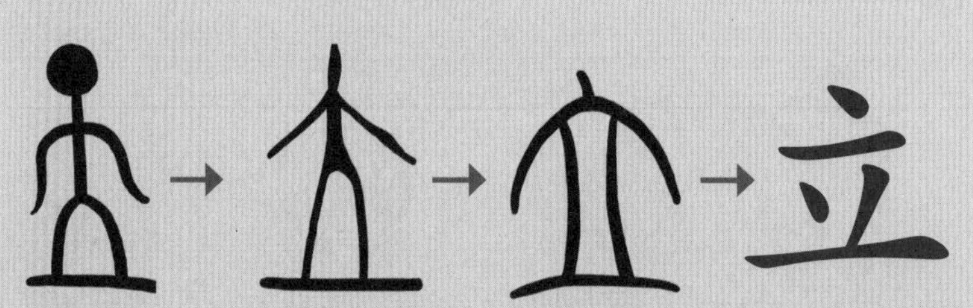

한 사람이 땅을 디디고 서 있는 모습으로, '서다'라는 뜻을 나타냅니다.

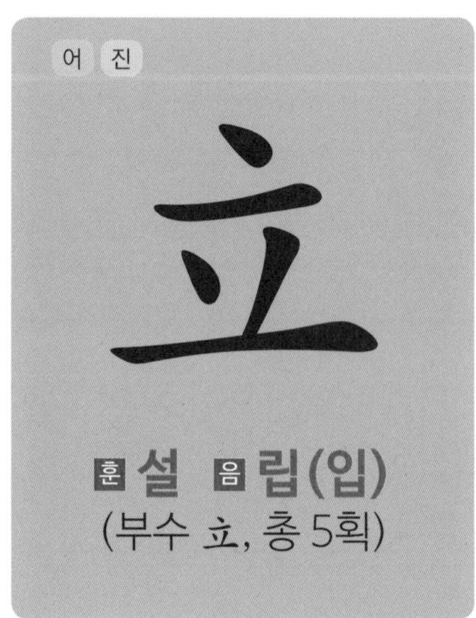

흐린 색의 글씨를 따라 써보세요.

생활 속 한자

- 사람은 두 발로 서서 걸어다니는 直立(직립) 동물입니다.
- 立夏(입하)가 지나고 초여름으로 들어선 것 같습니다.

오를 등

뜻은 오르다이고, 등이라고 읽어요.

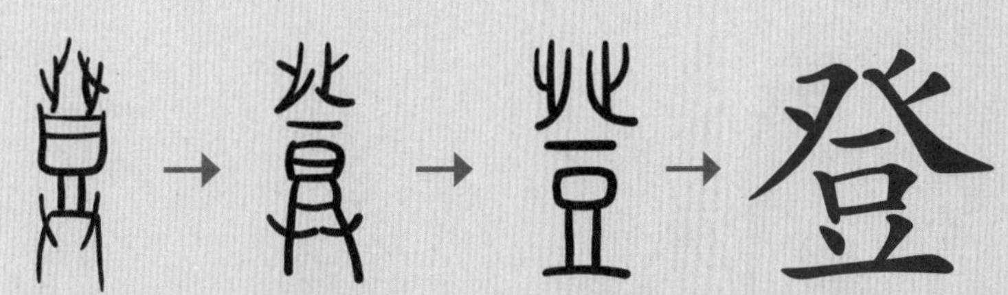

두 발(癶)의 모양과 그릇(豆 제기 두)의 모양이 합쳐져 그릇을 들고 제단으로 올라가고 있는 모습으로, '오르다'라는 뜻을 나타냅니다.

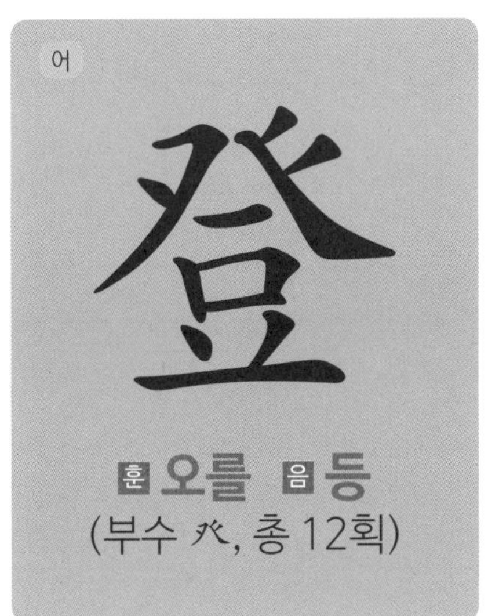

생활 속 한자

- 교통경찰 아저씨 덕분에 학생들은 안전하게 登校(등교)할 수 있습니다.
- 登山(등산)은 건강에 매우 좋습니다.

올 래(내)

뜻은 오다이고, 래(내)라고 읽어요.

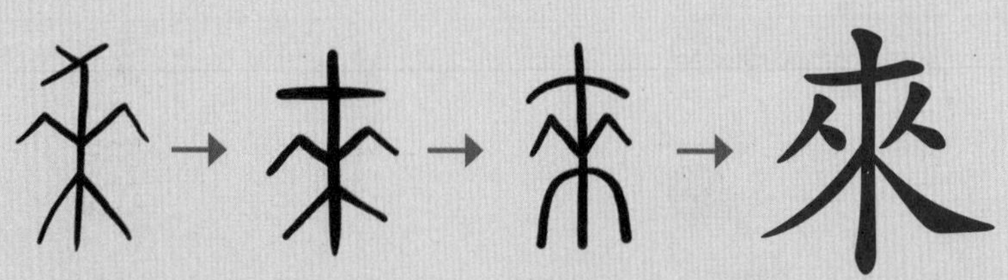

곡식의 이삭을 본 뜬 글자로, 가을 추수 때가 오기를 기다리는 마음에서 '오다'라는 뜻을 나타냅니다.

來	來	來
올 래(내)	올 래(내)	올 래(내)

흐린 색의 글씨를 따라 써보세요.

생활 속 한자

- 來日(내일)은 부모님 결혼기념일입니다.
- 來年(내년)에 5학년이 됩니다.

먹을/밥 식

뜻은 먹다, 밥이고, 식이라고 읽어요.

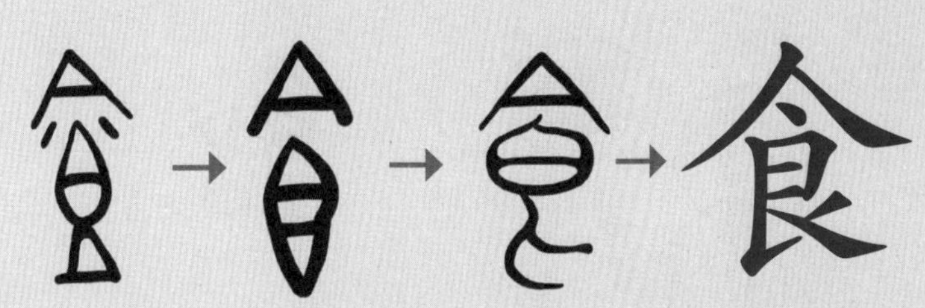

뚜껑이 덮여 있는 원형의 그릇에 밥이 담겨 있는 모습으로, '먹다, 밥'이라는 뜻을 나타냅니다.

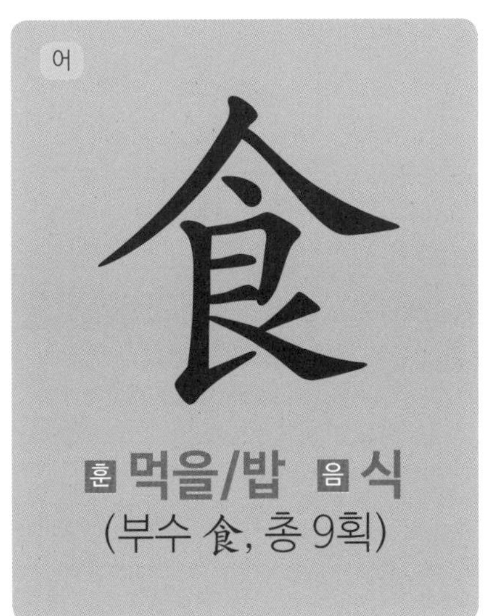

훈 먹을/밥 음 식
(부수 食, 총 9획)

생활 속 한자

- 食事(식사) 예절은 매우 중요합니다.
- 오늘 우리 가족은 外食(외식)을 하였습니다.

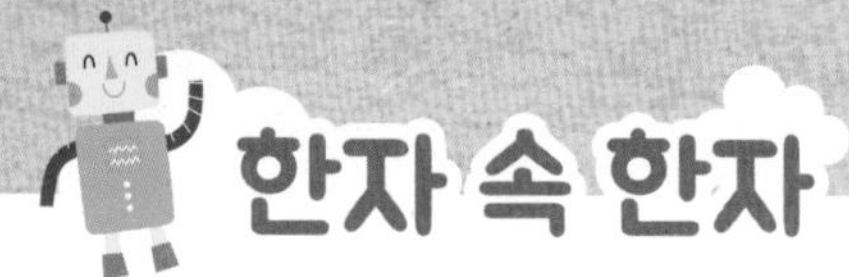

말씀 화

뜻은 말씀이고, 화라고 읽어요.

→ → 話

말(言 말씀 언)이 혀(舌 혀 설)에서 나온다 하여 '말씀'이라는 뜻을 나타냅니다.

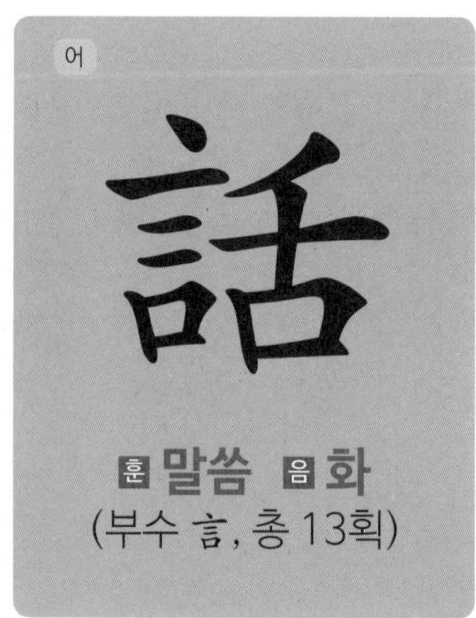

話	話	話
말씀 화	말씀 화	말씀 화

흐린 색의 글씨를 따라 써보세요.

생활 속 한자

- 선생님은 학생들에게 手話(수화)를 가르칩니다.
- 民話(민화)는 옛날부터 전해 내려오는 이야기입니다.

리듬 속 한자

챈트 음원과 동영상이 들어있어요.

빈칸에 알맞은 한자를 써보세요.

 발이 나오는 모습 **날 출**

 동굴 입구의 모양 **들 입**

 물이 콸콸 흐르는 모습 **살 활**

 무거운 짐을 지고 힘쓰는 모습 **움직일 동**

 땅 위에 서 있는 모습 **설 립, 설 입**

 그릇 들고 재단으로 올라가는 모습 **오를 등**

 곡식의 이삭 **올 래, 올 내**

 밥이 그릇에 담긴 모습 **먹을 식, 밥 식**

 혀에서 나오는 말 **말씀 화**

동작 스피드 게임

1 A와 B는 한 팀이 된다.

2 A가 책상 위에 있는 한자 카드를 선택하여 한자에 해당하는 동작을 한다.

3 B는 A의 동작을 보고 한자의 훈과 음을 말한다.

4 제한된 시간 내에 가장 많이 맞히는 팀이 이긴다.
(또는 가장 빨리 모든 답을 알아맞히는 팀이 이긴다.)

문제 속 한자

1 아래 한자에 일치하는 자원 그림을 찾아 바르게 연결하세요.

(1) 食 ·　　　　　　　　　　㉠ 

(2) 來 ·　　　　　　　　　　㉡ 

(3) 立 ·　　　　　　　　　　㉢ 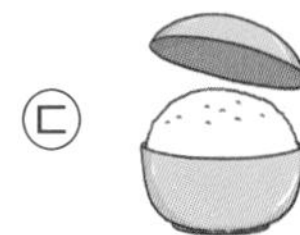

(4) 入 ·　　　　　　　　　　㉣ 

2 아래 한자에 알맞는 훈을 골라 ○를 하세요.

(1) 出 (산 , 나가다)　　　　(2) 登 (오르다 , 내려가다)

(3) 活 (살다 , 혀)　　　　(4) 動 (무겁다 , 움직이다)

3 아래 한자에 알맞는 음을 골라 V표를 하세요.

(1) 話 화 [ ] 어 [ ]

(2) 食 음 [ ] 식 [ ]

(3) 出 출 [ ] 산 [ ]

4 아래 훈과 음에 해당하는 한자를 빈칸에 쓰세요.

(1) 올 래 [ ]　　　　(2) 들 입 [ ]

(3) 설 립 [ ]　　　　(4) 살 활 [ ]

1 다음 밑줄 친 漢字語한자어의 音(음: 소리)을 쓰세요.

> 보기 漢字 → 한자

(1) 백화점에 사람들이 너무 많아 出入門이 어디인지 보이지 않아요. (　　　)

(2) 할머니께서는 주말마다 봉사 活動을 하십니다. (　　　)

(3) 심판은 中立를 지켜야 합니다. (　　　)

(4) 나는 주말에 가족들과 登山을 즐깁니다. (　　　)

2 다음 訓(훈: 뜻)과 音(음: 소리)에 알맞는 漢字한자를 〈보기〉에서 골라 그 번호를 쓰세요.

> 보기
> ① 出　② 活　③ 立　④ 北
> ⑤ 動　⑥ 來　⑦ 入　⑧ 軍

(1) 살 활 (　　) (2) 들 입 (　　)

(3) 움직일 동 (　　) (4) 날 출 (　　)

(5) 북녘 북 (　　) (6) 설 립 (　　)

(7) 군사 군 (　　) (8) 올 래 (　　)

3 다음 漢字한자의 相對상대 또는 反對반대가 되는 漢字한자를 〈보기〉에서 골라 그 번호를 쓰세요.

> 보기
> ① 活　② 入　③ 母　④ 小

(1) 出 ↔

(2) 父 ↔

(3) 大 ↔

4 다음 漢字語한자어의 뜻을 쓰세요.

(1) 老少 :

(2) 登校 :

5 다음 漢字한자의 진하게 표시된 획은 몇 번째 쓰는지 〈보기〉에서 찾아 그 번호를 쓰세요.

> 보기
> ① 첫 번째 ② 두 번째 ③ 세 번째 ④ 네 번째
> ⑤ 다섯 번째 ⑥ 여섯 번째 ⑦ 일곱 번째
> ⑧ 여덟 번째 ⑨ 아홉 번째 ⑩ 열 번째

(1) 動

(2) 來

진흥회 **알고 보면 한자어!!!**

自 然 스스로 **자** 그럴 **연**	사람이 만들지 않고 스스로 생겨난 것 예 산 정상에서 아름다운 자연(自然)을 보자 기분이 좋아졌습니다.
環 境 고리 **환** 지경 **경**	우리를 둘러싸고 있는 주변 예 할머니는 어려운 환경(環境)에서 손자를 보살펴 주셨습니다.
活 動 살 **활** 움직일 **동**	몸을 움직여 행동함 예 추운 겨울에도 활동(活動)을 해야 건강에 좋습니다.
規 則 법 **규** 법칙 **칙**	일정한 전례, 표준 또는 규정 예 우리 반 규칙(規則)은 우리가 스스로 잘 지켜야 합니다.
方 法 모 **방** 법 **법**	어떤 목적을 이루기 위해 취하는 수단 예 피로를 푸는 방법(方法)으로는 휴식이 좋다고 생각합니다.
配 列 짝 **배** 벌일 **열**	일정한 차례나 간격에 따라 벌여 놓음 예 동생은 크레파스를 색깔 순서대로 배열(配列)했습니다.
信 號 믿을 **신** 이름 **호**	일정한 부호나 표시, 소리, 몸짓 등을 사용하여 특정한 내용이나 정보를 전달하거나 지시함 예 건널목에서 신호를 기다리다가 신호(信號)가 바뀌면 건너라.

한자 수수께끼

1. 산이 두 개 모여 만들어진 한자는?

山(뫼 산)이 두 개 모여 있음

정답 出 날 출

2. 혀에 물을 부어 살아난 한자는?

舌(혀 설)에 水(물 수)가 있음

정답 活 살 활

05
암기 지우개 - 계산
1
2
3

승빈이는 오늘 학교에서 본 수(數)학 시험 점수가 좋지 않아 하루 종일 우울한 표정이에요. 시험 점수 때문에 고민하던 승빈이와 승빈이 친구들은 토팡이를 찾아가서 좋은 방법이 있는지 물어봐요. 토팡이는 친구들에게 "불(不)가능은 없어!"라고 큰소리치며, 토팡이의 얼굴이 그려져 있는 작고 귀여운 지우개를 하나씩 나누어 주고, 지우개 사용 방법을 알려줬어요.

"이 지우개는 암기 지우개라고 하는 거야. 외우고 싶은 부분을 쓴 다음 지워. 단, 꼭 최소(少) 세 번 이상은 쓰고 지워야 해! 그러면 이 지우개가 그 내용을 기억할 거야. 계산(算) 문제가 나올 때도 세 번 이상 풀어 본다면 문제없어!"

승빈이와 친구들은 토팡이가 알려준 대로 기억해야 하는 부분을 세 번 이상 쓰고 지우면서 공부했어요. 쓰는 동(同)시에 말도 하면서 하니까 기억에 오래 남았어요. 공부한 내용은 토팡이가 질문(問)을 하고, 승빈이와 친구들은 답(答)을 말하며 확인도 했어요. 신기하게도 한 번, 두 번, 세 번을 쓰고 난 다음 지울 때도 한 번 더 보니 문제들을 막힘 없이 풀 수 있었어요. 승빈이와 친구들은 암기 지우개를 소중하게 다루었어요.

"암기 지우개는 천(千)금을 준다고 해도 못 바꾸겠어. 암기 지우개가 있으면 백(百) 문제도 거뜬히 풀 수 있을 것 같아!"

승빈이와 친구들은 토팡이에게 고마움의 표시로 홍당무 모양의 볼펜을 선물했어요.

한자 예고편

그림 속에 숨어있는 한자들을 찾아보세요.

百 일백 (백)	千 일천 (천)	少 적을 (소)
算 셈 (산)	數 셀 (수)	問 물을 (문)
答 대답 (답)	不 아닐 (불/부)	同 한가지 (동)

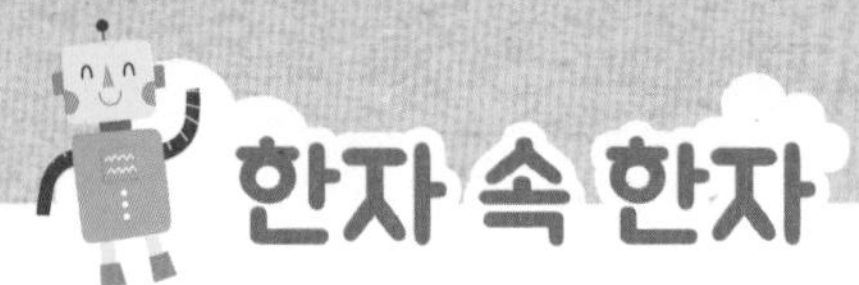

일백 **백**

뜻은 **일백**이고, **백**이라고 읽어요.

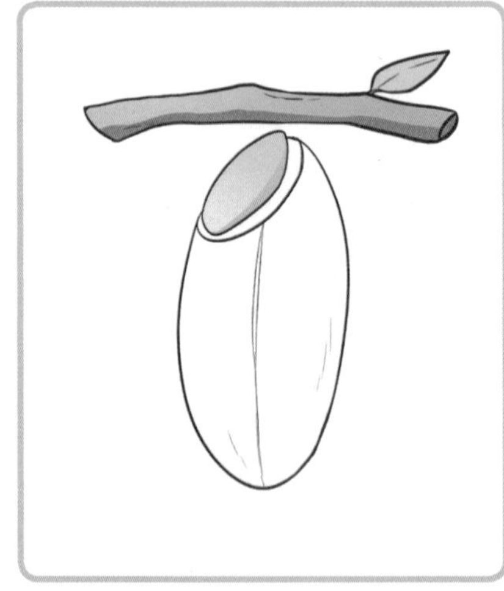

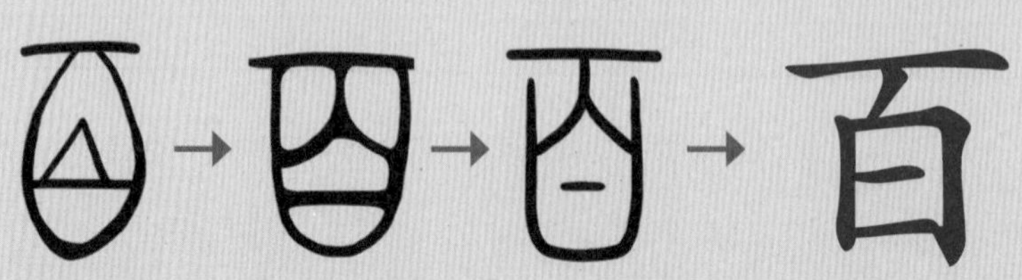

윗부분은 하나(一 한 일)를 나타내고, 아랫부분은 쌀 한 톨(白 흰 백)의 모습으로, '白'과 숫자를 대표하는 '一'을 합하여 '일백'이라는 뜻을 나타냅니다.

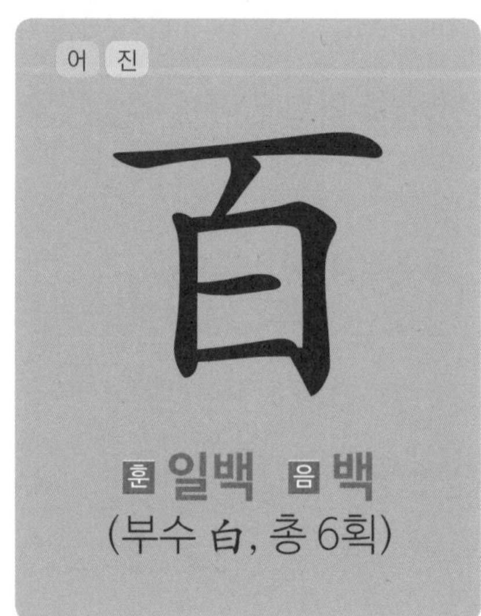

흐린 색의 글씨를 따라 써보세요.

생활 속 한자

- 아이를 찾아 百方(백방)으로 돌아다녔습니다.
- 그의 소설은 한 달 만에 百萬(백만) 부가 판매되었습니다.

일천 천

뜻은 **일천**이고, **천**이라고 읽어요.

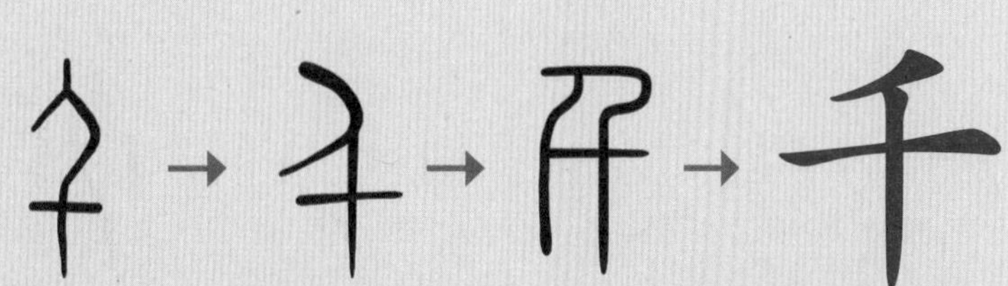

사람(人 사람 인)과 십(十 열 십)이 합쳐진 글자로, '十'에 '많다'라는 의미를 더하여 '일천'이라는 뜻을 나타냅니다.

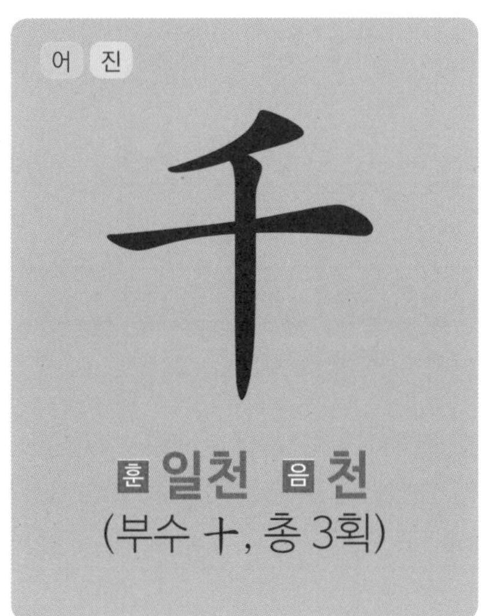

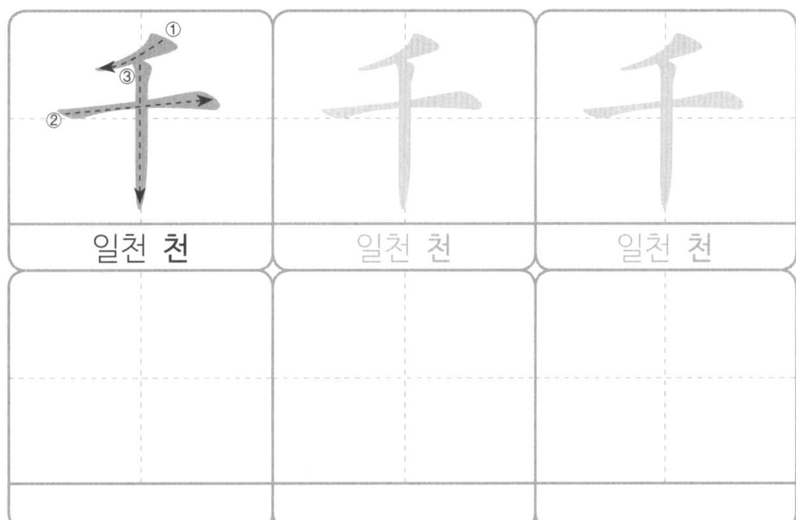

생활 속 한자

- 千金(천금)을 준다고 해도 나는 이 집을 팔지 않겠습니다.
- 부모님께서 용돈으로 五千(오천)원을 주셨습니다.

적을 소

뜻은 적다이고, 소라고 읽어요.

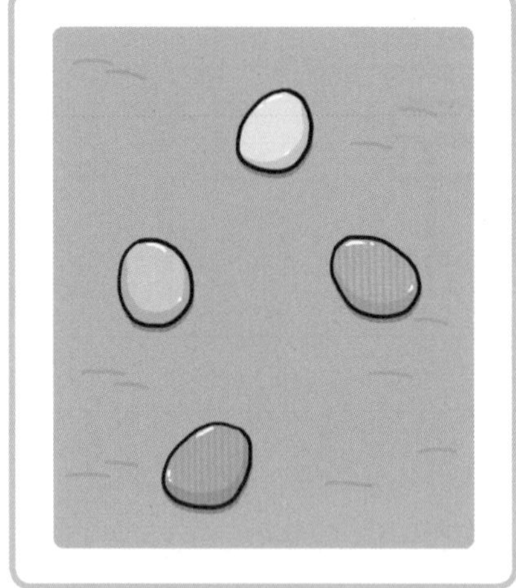

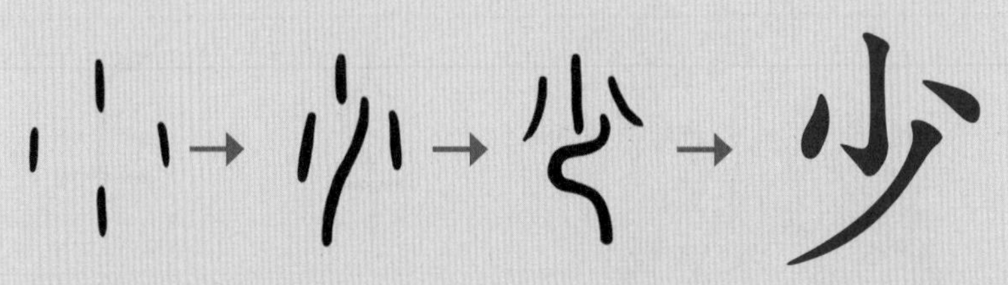

작은 물건 네 개가 올망졸망 모여 있는 모습으로, '적다'라는 뜻을 나타냅니다.

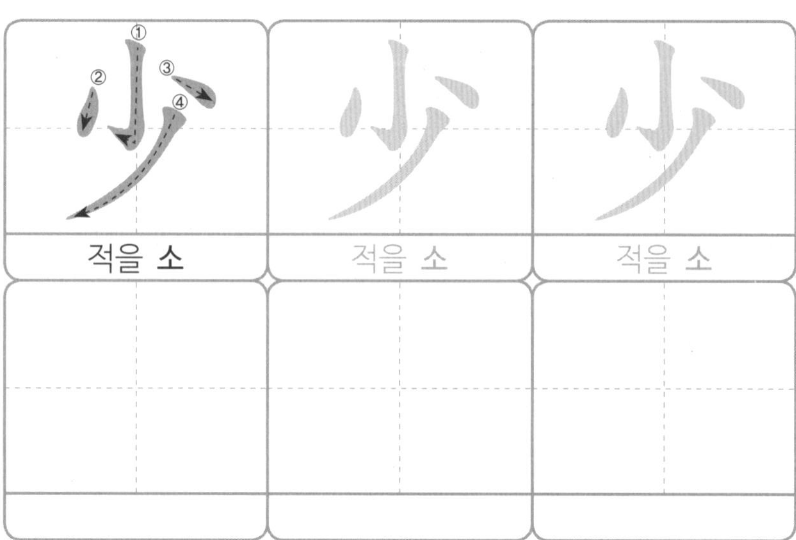

흐린 색의 글씨를 따라 써보세요.

생활 속 한자

- 어린이 회관에서 少年少女(소년소녀)들이 즐겁게 이야기를 합니다.
- 그는 男女老少(남녀노소)에 관계 없이 좋아하는 가수입니다.

셈 산

뜻은 셈이고, 산이라고 읽어요.

算 → 算 → 算

크기가 비슷한 대나무 가지 또는 나뭇가지들을 일정한 방법으로 늘어놓아 숫자를 계산하는 모습으로, '셈'이라는 뜻을 나타냅니다.

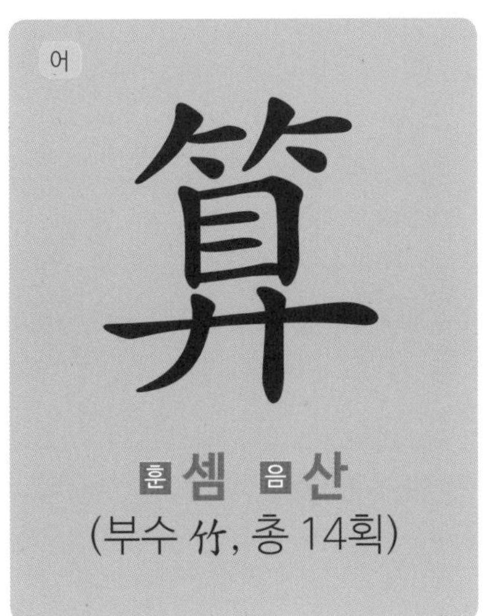

생활 속 한자

- 선생님께서 시험 성적을 算出(산출)하고 계십니다.
- 무슨 心算(심산)인지 도무지 알 수 없었습니다.

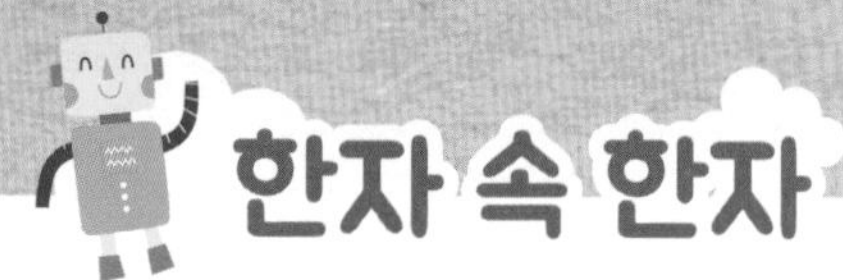

셀 수

뜻은 세다이고, 수라고 읽어요.

數 → 數 → 數

손으로 산가지 등을 들고 다그쳐 셈을 하는 모습으로, '세다'라는 뜻을 나타냅니다.

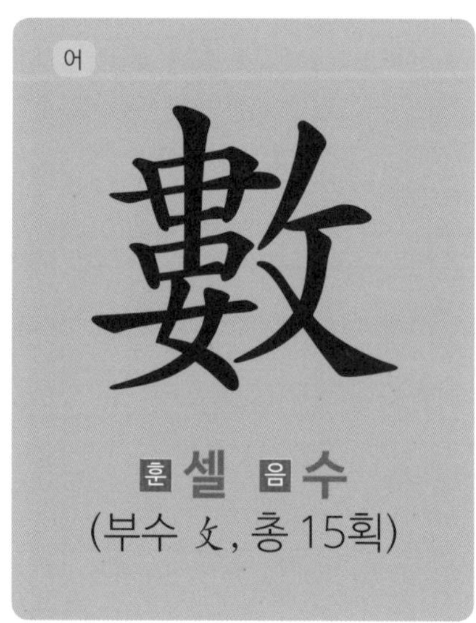

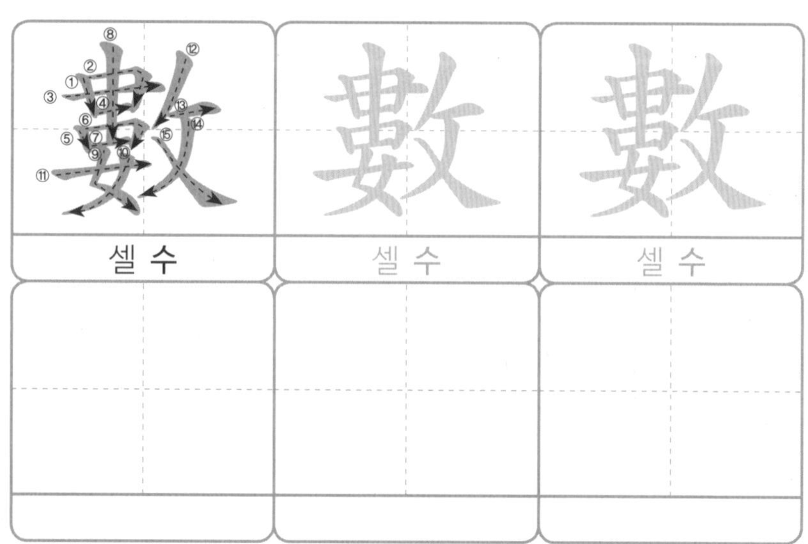

흐린 색의 글씨를 따라 써보세요.

생활 속 한자

- 우리는 小數(소수)의 의견도 존중해야 합니다.
- 우리 오빠는 數學(수학)을 잘합니다.

물을 문

뜻은 묻다이고, 문이라고 읽어요.

門口 → 門口 → 問

문(門 문 문)에 들어서면서 안부를 입(口 입 구)으로 묻는 모습으로, '묻다'라는 뜻을 나타냅니다.

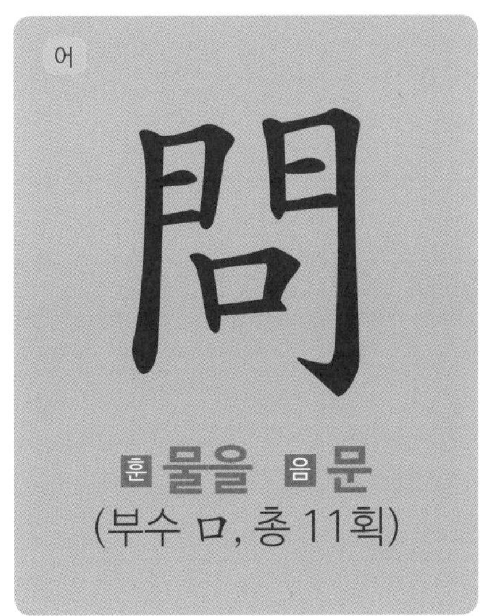

問	問	問
물을 문	물을 문	물을 문

생활 속 한자

- 젊은 시절 그는 學問(학문)에 정진하였습니다.
- 청바지는 남녀노소를 不問(불문)하고 즐겨 입는 옷입니다.

대답 답

뜻은 대답이고, 답이라고 읽어요.

答 → 答 → 答

옛날에 종이를 대신하여 사용한 대나무로 만든 죽간에 내용을 써서 물음에 대답하는 모습으로, '대답'이라는 뜻을 나타냅니다.

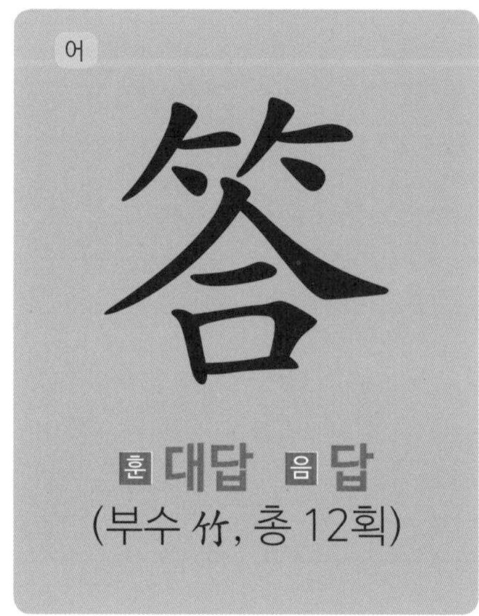

答	答	答
대답 답	대답 답	대답 답

흐린 색의 글씨를 따라 써보세요.

생활 속 한자

- 선영이는 국어 시험 문제의 正答(정답)을 모두 맞혔습니다.
- 상진이는 동생과 問答(문답)놀이를 하였습니다.

아닐 **불(부)**

뜻은 **아니다**이고, **불(부)**이라고 읽어요.

꽃잎이 다 진 후의 꽃 암술의 씨방 모습과 새가 하늘을 날면서 내려오지 않는 모습으로, '아니다'라는 뜻을 나타냅니다.

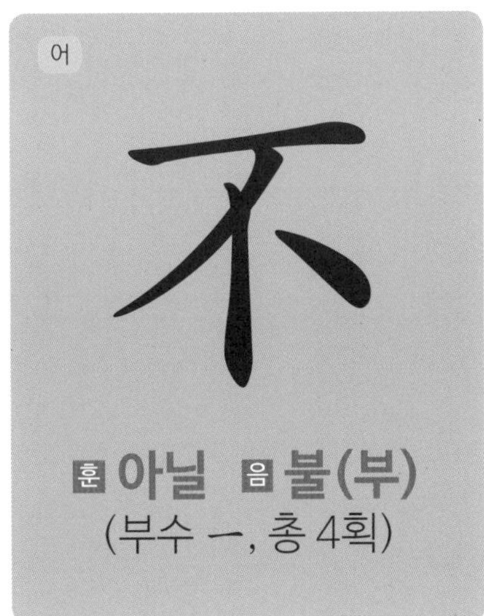

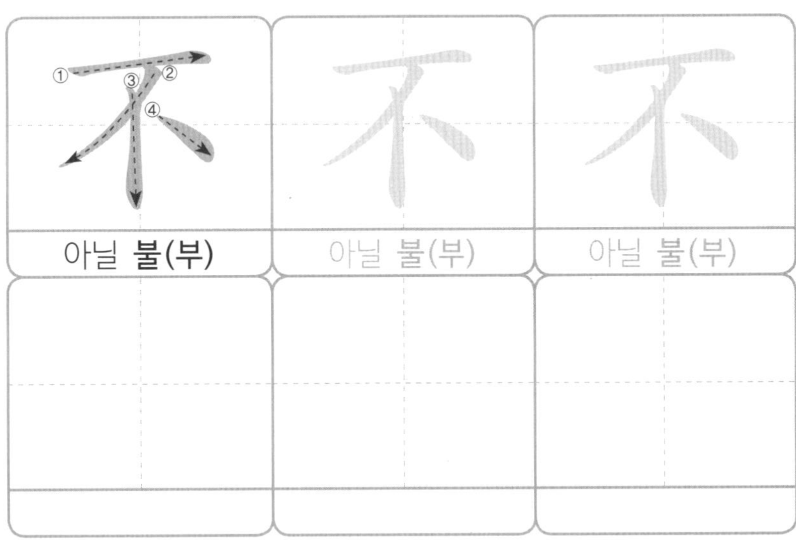

생활 속 한자

* '不'은 원래 '불'이라고 읽지만, 뒤에 'ㄷ', 'ㅈ'으로 소리가 나는 글자가 오면 '부'라고 읽어요.
(예) 不足(부족), 不動(부동)

- 나는 어제 다리를 다쳐 움직이기가 不便(불편)합니다.
- 시험 시간에 문제를 푸는 시간이 不足(부족)했습니다.

한가지 동

뜻은 한가지이고, 동이라고 읽어요.

㫐 → 𠔼 → 同 → 同

말을 나누기 위해 모두 한자리에 모여 있는 모습으로, '한가지'라는 뜻을 나타냅니다.

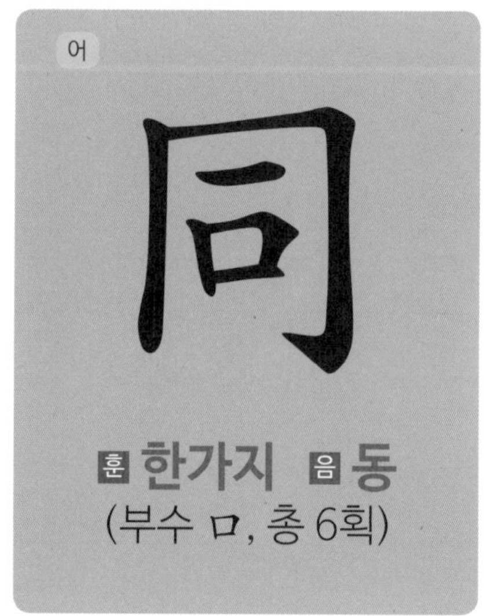

同	同	同
한가지 동	한가지 동	한가지 동

흐린 색의 글씨를 따라 써보세요.

생활 속 한자

- 우리 어머니와 아버지는 같은 학교를 졸업한 同門(동문)이십니다.
- 나는 사촌과 성격이 大同(대동)해서 크게 다투는 일이 없습니다.

리듬 속 한자

챈트 음원과 동영상이 들어있어요.

빈칸에 알맞은 한자를 써보세요.

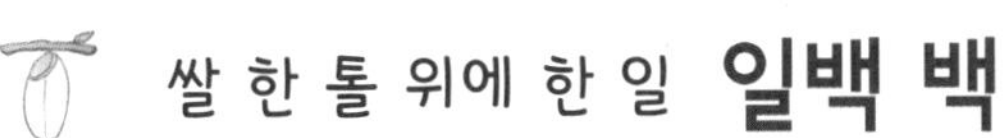

쌀 한 톨 위에 한 일 **일백 백**

사람이 열 명 모여서 많은 모습 **일천 천**

작은 점 네 개 **적을 소**

대나무로 수 계산하는 모습 **셈 산**

나뭇가지를 들고 셈하는 모습 **셀 수**

문에서 입으로 안부를 묻는 모습 **물을 문**

대나무에 써서 답하는 모습 **대답 답**

새가 하늘에서 내려오지 않는 모습 **아닐 불, 아닐 부**

한자리에 모여 있는 모습 **한가지 동**

주사위 게임

부록 163쪽 참조

1 "가위 바위 보"를 해서 이긴 사람이 주사위를 던져 나온 숫자에 해당하는 칸으로 간다.
2 세 문제 중에서 한 문제를 선택하여 그 문제를 잘 해결하면 해당 개수만큼 토팡이 얼굴을 얻고, 문제 칸에 X표를 한다.
3 토팡이 얼굴을 많이 얻은 팀(개인)이 이긴다.

주사위	한자의 훈과 음을 말하세요.	한자에 맞는 자원 그림에 동그라미 하세요.	자원 그림을 보고 네모칸 안에 한자를 쓰세요.
1	(1) 百	 (7) 答 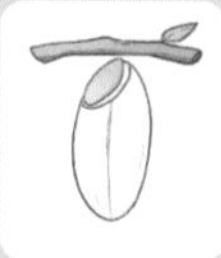	(13) 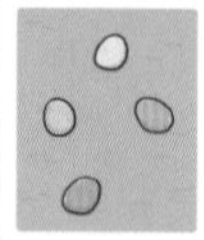
2	(2) 休	 (8) 不 	(14) 
3	(3) 育	 (9) 同 	(15) 
4	(4) 食	 (10) 祖 	(16) 
5	(5) 數	 (11) 事 	(17) 
6	(6) 問	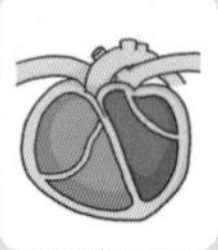 (12) 算 	(18) 

문제 속 한자

1 아래 한자에 일치하는 자원 그림을 찾아 바르게 연결하세요.

(1) 千 · ㉠ 

(2) 少 · ㉡ 

(3) 百 · ㉢ 

(4) 問 · ㉣ 

2 아래 한자에 알맞는 훈을 골라 ○를 하세요.

(1) 算 (셈 , 건물)　　(2) 答 (질문 , 대답)

(3) 數 (그리다 , 세다)　　(4) 同 (한가지 , 나라)

3 아래 한자에 알맞는 음을 골라 V표를 하세요.

(1) 不 일 ☐ 불 ☐

(2) 問 구 ☐ 문 ☐

(3) 答 답 ☐ 합 ☐

4 아래 훈과 음에 해당하는 한자를 빈칸에 쓰세요.

(1) 일백 백 ☐　　(2) 일천 천 ☐

(3) 적을 소 ☐　　(4) 아닐 불/부 ☐

실전 속 한자 어문회

1 다음 밑줄 친 漢字語한자어의 音(음: 소리)을 쓰세요.

> 보기 漢字 → 한자

(1) 寸數를 따져 보니 그는 나와 오촌이었습니다. (　　　)

(2) 우리는 國軍아저씨께 위문편지를 보냈습니다. (　　　)

(3) 少數의 의견도 존중해야 합니다. (　　　)

(4) 中食으로 김밥을 먹었습니다. (　　　)

2 다음 漢字한자의 訓(훈: 뜻)과 音(음: 소리)을 쓰세요.

> 보기 四 → 넉 사

(1) 答 (　　　)　(2) 數 (　　　)

(3) 百 (　　　)　(4) 少 (　　　)

(5) 外 (　　　)　(6) 話 (　　　)

(7) 民 (　　　)　(8) 白 (　　　)

3 다음 訓(훈: 뜻)과 音(음: 소리)에 알맞은 漢字한자를 〈보기〉에서 골라 그 번호를 쓰세요.

> 보기
> ① 中　② 小　③ 問　④ 算
> ⑤ 門　⑥ 不　⑦ 同　⑧ 千

(1) 일천 천 (　　)　(2) 물을 문 (　　)

(3) 가운데 중 (　　)　(4) 작을 소 (　　)

(5) 셈 산 (　　)　(6) 문 문 (　　)

(7) 한가지 동 (　　)　(8) 아닐 불 (　　)

4 다음 괄호 안에 알맞은 漢字한자를 〈보기〉에서 골라 그 번호를 쓰세요.

> 보기
> ① 百　② 少　③ 答　④ 算

(1) □ 數 : 수의 성질, 셈의 기초

(2) 問 □ : 물음과 대답, 서로 묻고 대답함

5 다음 漢字한자의 진하게 표시된 획은 몇 번째 쓰는지 〈보기〉에서 찾아 그 번호를 쓰세요.

> 보기
> ① 첫 번째　② 두 번째　③ 세 번째
> ④ 네 번째　⑤ 다섯 번째　⑥ 여섯 번째
> ⑦ 일곱 번째　⑧ 여덟 번째　⑨ 아홉 번째
> ⑩ 열 번째　⑪ 열한 번째　⑫ 열두 번째
> ⑬ 열세 번째　⑭ 열네 번째　⑮ 열다섯 번째

(1) 

(2) 

진흥회 알고 보면 한자어!!!

計 算 셀 **계** 셈 **산**	셈하여 값을 얻는 것, 수를 헤아림 **예** 그는 계산(計算)을 잘못해서 돈을 덜 받았습니다.
質 問 바탕 **질** 물을 **문**	모르거나 의심나는 점을 물음 **예** 선생님, 지난번 시간 내용 중에서 질문(質問)할 게 있어요.
符 號 부호 **부** 이름 **호**	어떤 뜻을 나타내는 기호 **예** 이 문장에는 의문 부호(符號)가 있어야 합니다.
三 角 形 석 **삼** 뿔 **각** 모양 **형**	세 개의 각이 있는 모양 **예** 트라이앵글은 삼각형(三角形) 모양입니다.
圓 둥글 **원**	둥글게 그려진 모양 **예** 우리 반 친구들이 서로 손을 맞잡고 원(圓)을 만들었습니다.
式 법 **식**	계산을 하기 위해 세우는 법칙 **예** 응용문제를 풀 때는 먼저 식(式)을 써 봐야 합니다.
線 줄 **선**	그어 놓은 금이나 줄 **예** 나는 선(線)이 없는 노트가 필요해요.

한자 수수께끼

1. 문이 어디냐고 물어보는 한자는?

정답 問 물을 문

門(문 문) 안에 口(입 구)가 있음

2. 혀의 도움으로 말을 잘 하게 된 한자는?

정답 話 말씀 화

舌(혀 설)과 言(말씀 언)이 함께 있음

06 행복한 집 - 방향

어느 날, 승빈이가 학교 느티나무 아래에서 토팡이를 기다리다가 고개를 돌려서 느티나무를 보니 나무에 작은 구멍이 보였어요. 구멍 안이 궁금해서 보고 있는데, 때마침 토팡이도 뛰어왔어요. 승빈이와 토팡이는 함께 이 작은 구멍으로 들어가 보기로 했어요.

구멍으로 들어가자 평(平)평(平)한 언덕이 있고 큰 집이 보였어요. 승빈이와 토팡이는 그 집으로 조심스레 들어가서 상(上), 하(下), 전(前), 후(後), 좌(左), 우(右) 사방을 둘러봤어요. 집 내(內)부에는 사람이 보이질 않고, 신기한 것들이 많이 있었어요. 방문이 보여서 문을 열고 들어가 보니 초코우유가 나오는 분수대가 있고, 그 옆에 돌리기만 하면 다양한 쿠키와 사탕이 나오는 기계도 있었어요. 옆방에는 텀블링을 할 수 있는 트램펄린이 있었어요.

"와~ 꿈에서 상상했던 집이 내 눈앞에 그대로 펼쳐지다니…… 정말 믿을 수 없어!"

"내가 살고 싶어 하던 집이야!"

집 앞마당에는 속이 다 보이는 냄비 모양의 투명 수영장이 있고, 그 옆 수족관에는 작은 미니 잠수함도 있어서 아래 방(方)향으로 깊이 들어가니 불가사리와 해초도 구경할 수 있었어요. 승빈이는 목이 말라 초코우유 분수대가 있는 방에 가서 우유를 마시고, 쿠키와 사탕을 배부르게 먹은 다음, 옆방으로 가서 트램펄린을 타고 텀블링을 했어요. 그 순간 하늘로 높이 올라가지더니 하늘에 있는 작은 구멍 안으로 들어가졌어요. 정신을 차리고 보니 느티나무 밖이었어요. 승빈이와 토팡이는 그곳에서 더 놀지 못해서 아쉬웠지만 집으로 돌아갔어요.

한자 예고편 그림 속에 숨어있는 한자들을 찾아보세요.

上 위 (상)	下 아래 (하)	左 왼 (좌)
右 오른 (우)	前 앞 (전)	後 뒤 (후)
平 평평할 (평)	方 모 (방)	內 안 (내)

위 상

뜻은 **위(쪽)**이고, **상**이라고 읽어요.

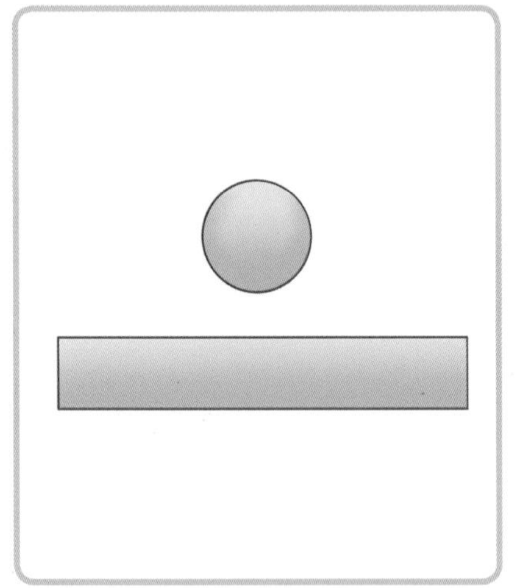

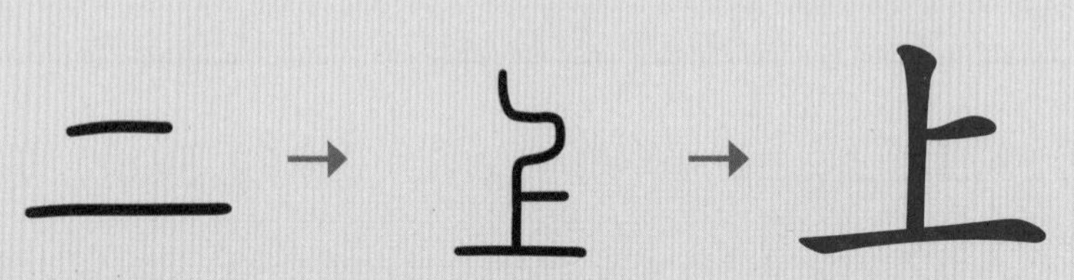

기준선 위에 점을 찍은 모양으로, '위(쪽)'라는 뜻을 나타냅니다.

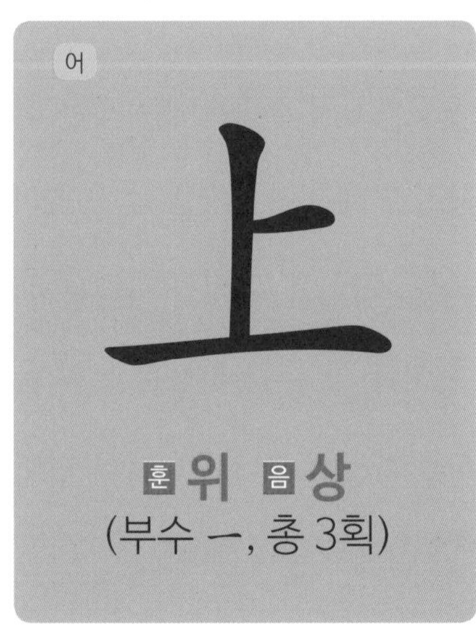

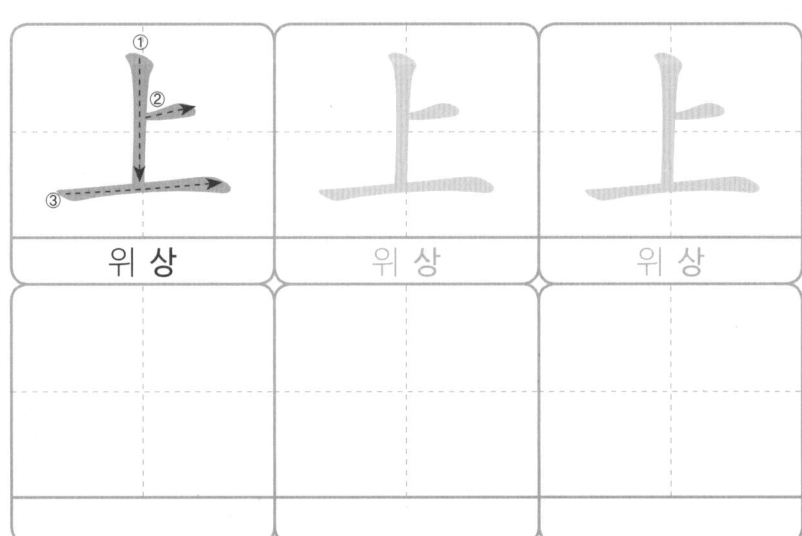

흐린 색의 글씨를 따라 써보세요.

생활 속 한자

- 우리 집은 명절이면 祖上(조상)의 산소에 가서 성묘합니다.
- 地上(지상)에는 온갖 초목과 동물들이 살고 있습니다.

아래 하

뜻은 **아래(쪽)**이고, **하**라고 읽어요.

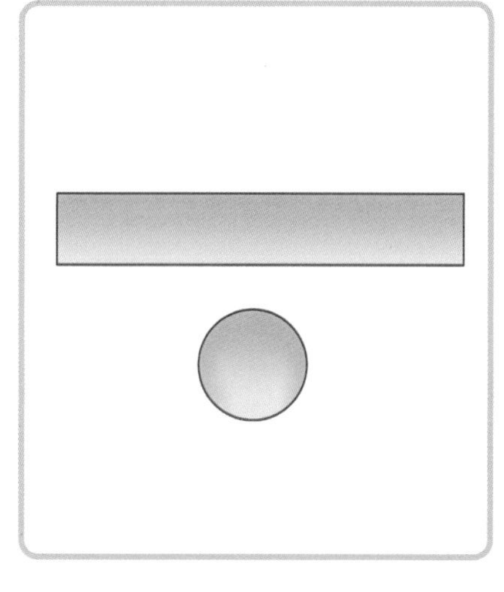

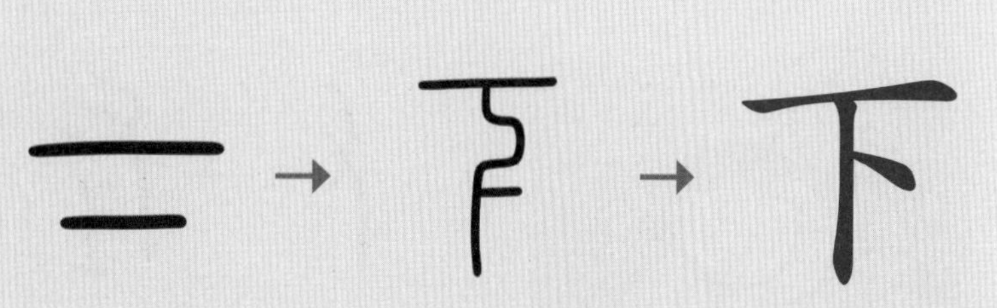

기준선 아래에 점을 찍은 모양으로, '아래(쪽)'라는 뜻을 나타냅니다.

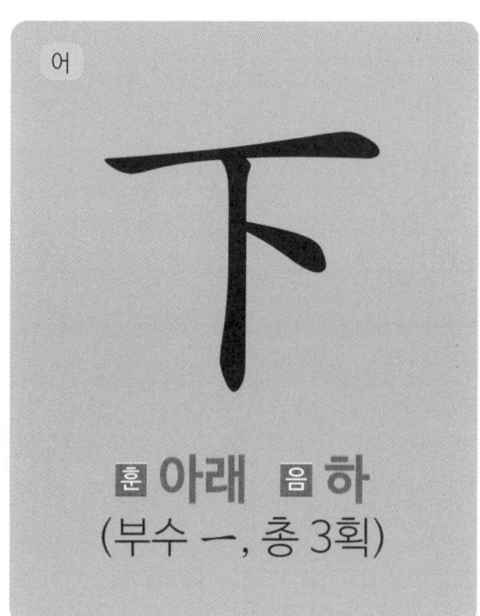

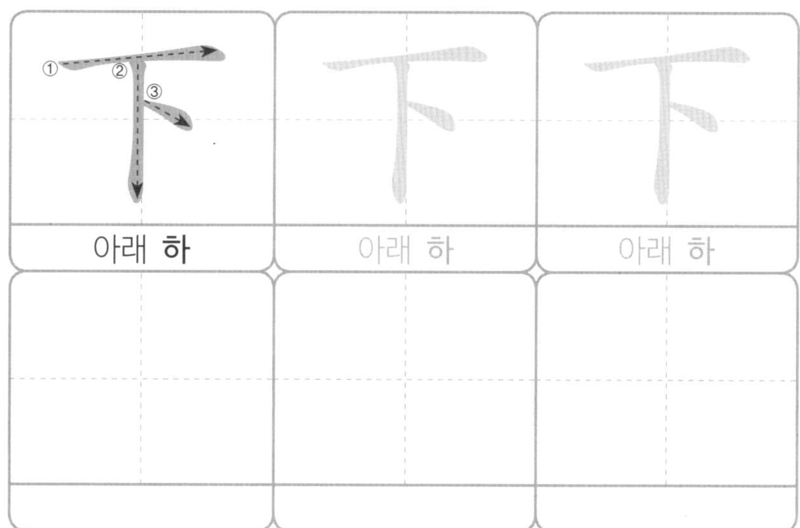

생활 속 한자

- 나는 오후 3시에 下校(하교)합니다.
- 날이 어두워지기 전에 서둘러 下山(하산)하도록 합시다.

왼 좌

뜻은 왼(쪽)이고, 좌라고 읽어요.

본래 공구를 들고 일을 돕는 모습에서 '돕다'라는 뜻이었지만, 본 뜻을 잃고 공구를 잡은 왼손의 모습에서 '왼(쪽)'이라는 뜻을 나타냅니다.

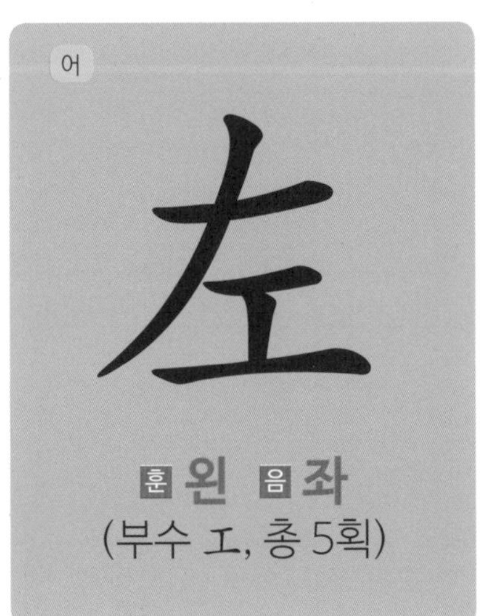

左 왼 좌 | 左 왼 좌 | 左 왼 좌

흐린 색의 글씨를 따라 써보세요.

생활 속 한자

- 큰 절을 할 때, 男左女右(남좌여우)를 기억하세요.
- 건널목을 건널 때에는 左右(좌우)를 살펴야 합니다.

오른 우

뜻은 오른(쪽)이고, 우라고 읽어요.

일을 하는데 도움이 되는 말을 오른쪽에서 해주는 모습으로, '오른(쪽)'이라는 뜻을 나타냅니다.

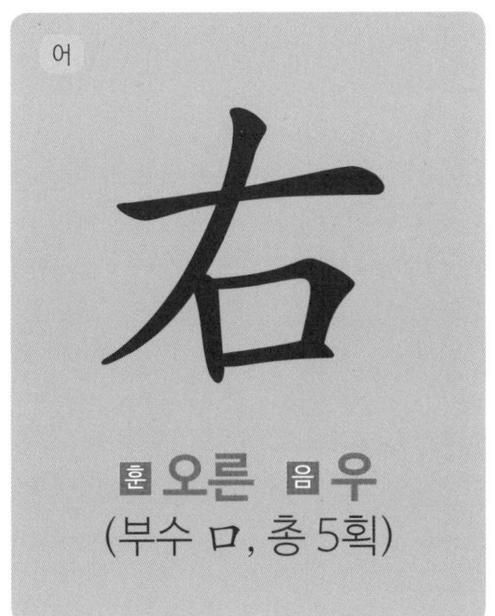

생활 속 한자

- 누나는 동생의 右便(우편)에 앉아 있습니다.
- 이를 닦을 때는 上下左右(상하좌우) 골고루 닦아야 합니다.

앞 전

뜻은 앞(쪽)이고, 전이라고 읽어요.

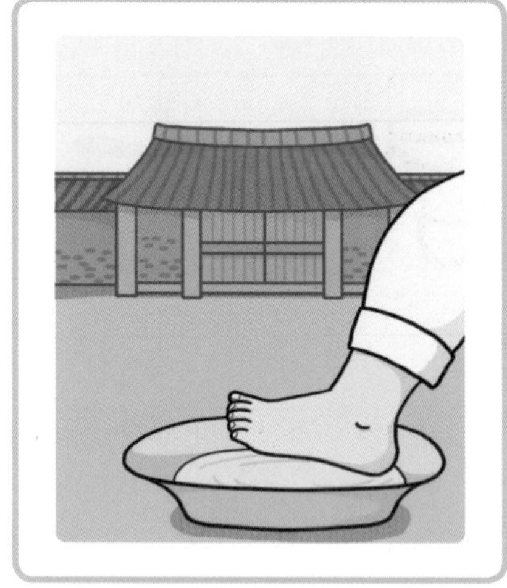

조상을 모신 종묘에 들어가기에 앞서 발을 대야 물에 담가 깨끗이 씻는 모습에서 '앞(쪽)'이라는 뜻을 나타냅니다.

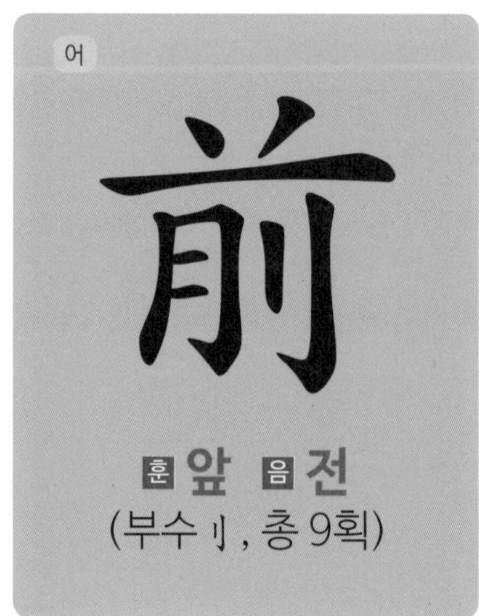

前 앞 전 | 前 앞 전 | 前 앞 전

흐린 색의 글씨를 따라 써보세요.

생활 속 한자

- 잠들기 直前(직전)에는 음식을 먹지 않는 것이 좋습니다.
- 동굴 탐험을 떠날 때 事前(사전)에 준비를 철저히 해 두었습니다.

뒤 후

뜻은 뒤(쪽)이고, 후라고 읽어요.

後 → 後 → 後 → 後

길에서 걸음이 뒤쳐져 걸어 오는 모습에서 '뒤(쪽)'라는 뜻을 나타냅니다.

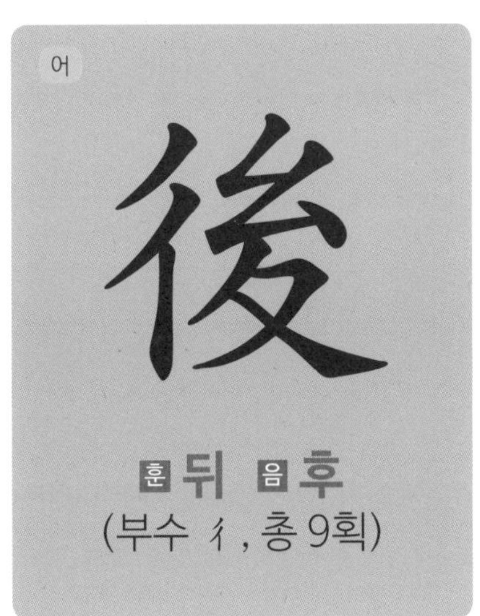

後	後	後
뒤 후	뒤 후	뒤 후

생활 속 한자

- 암탉이 前後左右(전후좌우)를 살피며 병아리들을 돌봤습니다.
- 나는 後年(후년)에 중학교에 갑니다.

평평할 평

뜻은 **평평하다**이고, **평**이라고 읽어요.

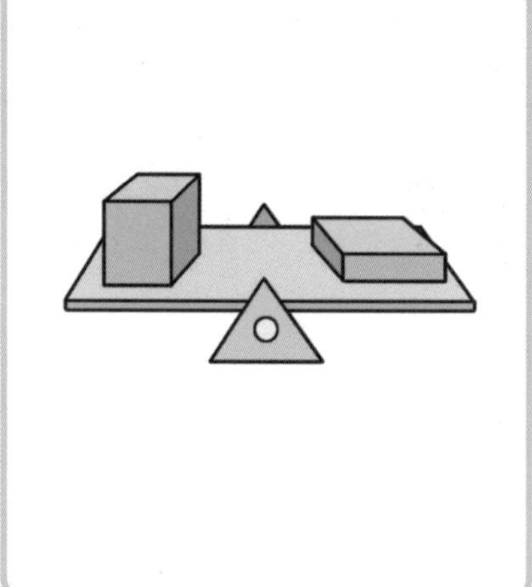

하나의 대 위 양 끝에 물건을 올려 무게가 수평을 이루는 모습으로, '평평하다'라는 뜻을 나타냅니다.

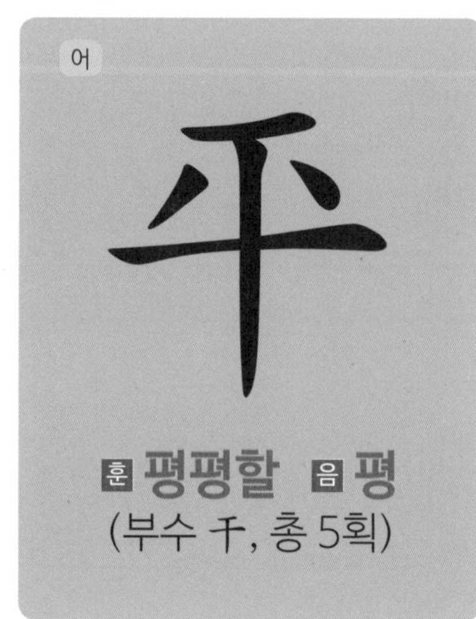

훈 **평평할** 음 **평**
(부수 干, 총 5획)

흐린 색의 글씨를 따라 써보세요.

생활 속 한자

- 그녀는 不平(불평) 한마디 없이 열심히 일합니다.
- 그 화가는 자기만의 화풍을 발전시켜 나가는 데 平生(평생)을 바쳤습니다.

모 방

뜻은 모이고, 방이라고 읽어요.

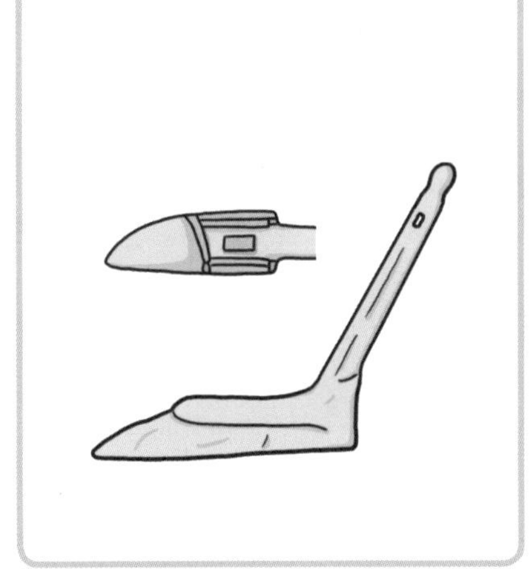

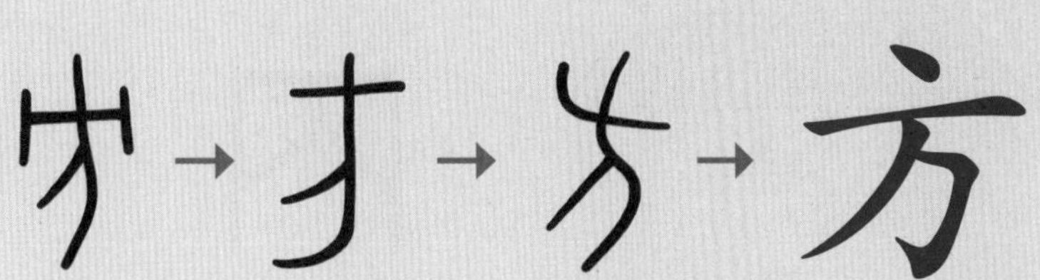

두 개의 날로 갈라져 있는 쟁기의 각 진 부분이 겉으로 나와 있는 모습에서 '모'라는 뜻을 나타냅니다.

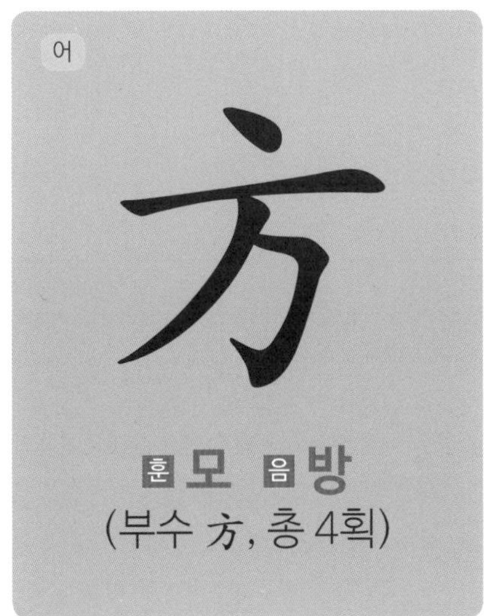

생활 속 한자

- 이곳은 四方(사방)이 산으로 둘러싸여 있습니다.
- 잃어버린 동생을 찾으려고 百方(백방)으로 수소문하고 다녔습니다.

안 내

뜻은 안(쪽)이고, 내라고 읽어요.

일정한 경계를 두른 지역이나 집 안으로 들어가 있는 모습으로, '안(쪽)'이라는 뜻을 나타냅니다.

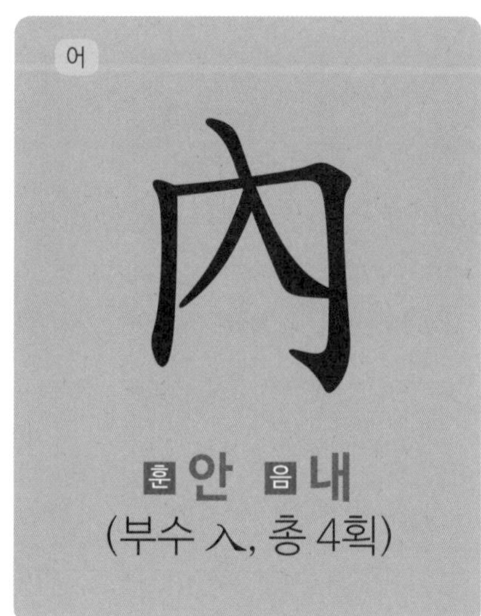

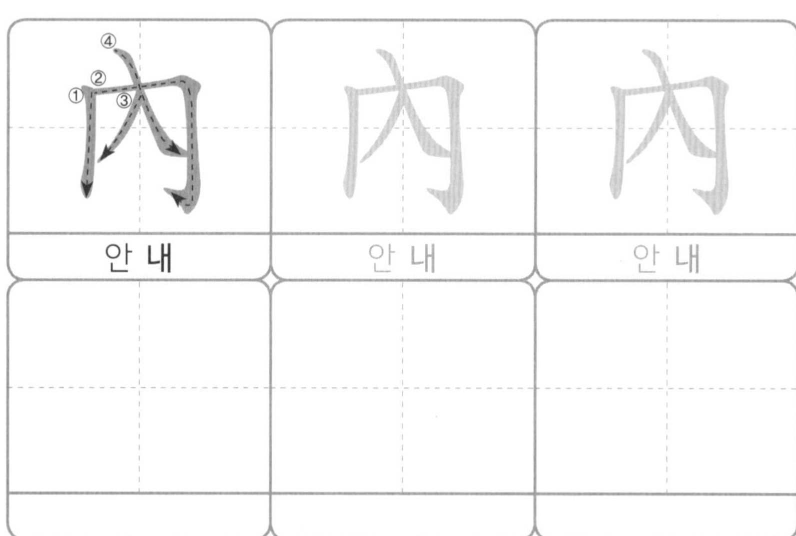

흐린 색의 글씨를 따라 써보세요.

생활 속 한자

- 校內(교내)에서는 정숙해야 합니다.
- 室內(실내)에서는 모자를 벗으세요.

챈트 음원과 동영상이 들어있어요.

빈칸에 알맞은 한자를 써보세요.

선 위에 점 **위 상**

선 아래 점 **아래 하**

공구 잡은 왼손 **왼 좌**

도움되는 말을 해주는 모습 **오른 우**

종묘에 들어가기 전 발 씻는 모습 **앞 전**

뒤쳐져 걸어오는 모습 **뒤 후**

물건 두 개가 수평을 이루는 모습 **평평할 평**

날이 두 개로 갈라진 쟁기 **모 방**

집 안으로 들어가 있는 모습 **안 내**

카드 쌓기 게임

1 학생들은 자신이 가지고 있는 한자 카드 중 한 장을 선택하고 나머지는 책상 왼쪽에 둔다. (한자가 보이도록 놓는다.)

2 선생님은 1과에서 6과까지 배운 한자들 중 열 개를 골라 하나씩 한자의 훈과 음을 말한다.

3 선생님이 말한 한자 카드를 가지고 있는 학생은 해당 한자 카드를 보여주며 한자의 훈과 음을 외친다.

4 맞춘 한자 카드는 책상 오른쪽에 둔다.

5 선생님이 열 개의 한자를 다 부른 후, 책상 오른쪽에 있는 카드가 가장 많은 학생이 이긴다.

문제 속 한자

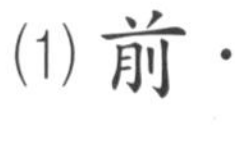

1 아래 한자에 일치하는 자원 그림을 찾아 바르게 연결하세요.

(1) 前 ·

(2) 左 ·

(3) 平 ·

(4) 方 ·

㉠ 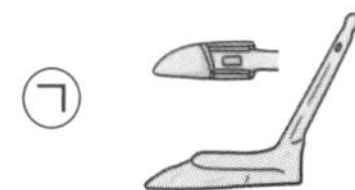

㉡ 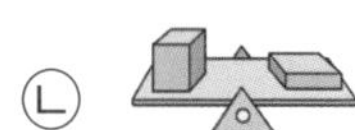

㉢ 

㉣ 

2 아래 한자에 알맞는 훈을 골라 ○를 하세요.

(1) 後 (앞 , 뒤)

(2) 右 (오른쪽 , 왼쪽)

(3) 內 (바깥쪽 , 안쪽)

(4) 下 (위쪽 , 아래쪽)

3 아래 한자에 알맞는 음을 골라 V표를 하세요.

(1) 平 편 ☐ 평 ☐

(2) 上 하 ☐ 상 ☐

(3) 前 정 ☐ 전 ☐

4 아래 훈과 음에 해당하는 한자를 빈칸에 쓰세요.

(1) 왼 좌 ☐

(2) 모 방 ☐

(3) 안 내 ☐

(4) 오른 우 ☐

실전 속 한자 어문회

1 다음 밑줄 친 漢字語한자어의 音(음: 소리)을 쓰세요.

보기 漢字 → 한자

(1) 後方으로 옮겨진 부상자들은 치료를 받고 있습니다. (　　　)

(2) 횡단보도를 건널 때는 반드시 左右를 살피고 건너세요. (　　　)

(3) 우리 집은 祖上 대대로 이 동네에서 살아왔습니다. (　　　)

(4) 어머니는 家事에 전념하고 계십니다. (　　　)

2 다음 漢字한자의 訓(훈: 뜻)과 音(음: 소리)을 쓰세요.

보기 日 → 해 일

(1) 平 (　　　)　(2) 內 (　　　)

(3) 方 (　　　)　(4) 左 (　　　)

(5) 前 (　　　)　(6) 下 (　　　)

(7) 右 (　　　)　(8) 後 (　　　)

3 다음 漢字한자의 相對상대 또는 反對반대가 되는 漢字한자를 〈보기〉에서 골라 그 번호를 쓰세요.

보기

① 左　② 平　③ 後　④ 上

(1) 下 ↔

(2) 右 ↔

(3) 前 ↔

4 다음 漢字語한자어의 뜻을 쓰세요.

(1) 室內 :

(2) 正答 :

5 다음 漢字한자의 진하게 표시된 획은 몇 번째 쓰는지 〈보기〉에서 찾아 그 번호를 쓰세요.

보기

① 첫 번째　② 두 번째　③ 세 번째
④ 네 번째　⑤ 다섯 번째　⑥ 여섯 번째
⑦ 일곱 번째　⑧ 여덟 번째　⑨ 아홉 번째
⑩ 열 번째　⑪ 열한 번째　⑫ 열두 번째
⑬ 열세 번째　⑭ 열네 번째　⑮ 열다섯 번째

(1) 方

(2) 平

진흥회 알고 보면 한자어!!!

模 型 본뜰 **모** 모형 **형**	모양이 같은 물건을 만들기 위한 틀 예 동생 방에는 모형(模型) 비행기가 여러 대 있습니다.
邊 가 **변**	물체나 장소 따위의 가장자리 예 도로변(邊)에 진달래 꽃이 가득 피어 있습니다.
分 明 나눌 **분** 밝을 **명**	틀림없이 확실하게 예 그녀는 울고 있는 것이 분명(分明)했습니다.
役 割 부릴 **역** 벨 **할**	자기가 마땅히 해야 할 맡은 바 임무 예 우리 집에서 나의 역할(役割)은 매우 중요합니다.
姿 勢 모양 **자** 형세 **세**	몸을 움직이거나 가누는 모양 예 바른 자세(姿勢)로 앉아야 집중도 더 잘 된다고 했어요.
安 全 편안 **안** 온전할 **전**	위험이 없는 상태 예 폭우 때문에 주민들을 안전(安全)한 곳으로 대피하였습니다.

한자 수수께끼

1. 밭에 나가서 열심히 힘을 쓰는 한자는?

田(밭 전) 아래에 力(힘 력)이 있음

정답 男 사내 남

2. 무거운 것을 들려면 힘을 줘야 하는 한자는?

重(무거울 중) 옆에 力(힘 력)이 있음

정답 動 움직일 동

실전 속 한자 진흥회

1 다음《 》안 한자의 바른 음(소리)을 골라 번호를 쓰시오.

(1) ≪土≫

① 토 ② 금 ③ 왕 ④ 옥

(2) ≪王≫

① 일 ② 왕 ③ 주 ④ 토

(3) ≪百≫

① 자 ② 목 ③ 백 ④ 일

(4) ≪力≫

① 륙 ② 구 ③ 력 ④ 립

(5) ≪火≫

① 일 ② 입 ③ 인 ④ 화

(6) ≪子≫

① 모 ② 자 ③ 부 ④ 형

(7) ≪口≫

① 구 ② 수 ③ 오 ④ 토

(8) ≪白≫

① 인 ② 소 ③ 장 ④ 백

(9) ≪中≫

① 대 ② 소 ③ 중 ④ 청

(10) ≪月≫

① 월 ② 화 ③ 금 ④ 일

2 다음《 》안의 뜻에 맞는 한자를 골라 번호를 쓰시오.

(1) ≪수≫

① 木 ② 水 ③ 女 ④ 月

(2) ≪형≫

① 天 ② 千 ③ 出 ④ 兄

(3) ≪서다≫

① 目 ② 立 ③ 百 ④ 力

(4) ≪작다≫

① 手 ② 小 ③ 入 ④ 生

(5) ≪남자≫

① 男 ② 入 ③ 目 ④ 川

(6) ≪나오다≫

① 人 ② 入 ③ 出 ④ 山

(7) ≪일천≫

① 天 ② 千 ③ 火 ④ 木

(8) ≪다섯≫

① 六 ② 九 ③ 五 ④ 日

(9) ≪어머니≫

① 女 ② 母 ③ 子 ④ 目

(10) ≪아버지≫

① 兄 ② 子 ③ 父 ④ 男

3 다음 문장 중 한자로 쓰인 단어를 바르게 읽은 것을 골라 번호를 쓰시오.

(1) 경기 規則을 잘 지켜야 합니다.

① 심판 ② 규칙 ③ 질문 ④ 체험

(2) 三角形의 한 면의 길이를 구해 봅시다.

① 삼각뿔 ② 삼등분 ③ 삼면체 ④ 삼각형

(3) 연극에서 백설공주 役割을 맡았습니다.

① 모형 ② 민속 ③ 대본 ④ 역할

(4) 6學年 형들이 졸업을 합니다.

① 학교 ② 학생 ③ 학년 ④ 학습

(5) 아침 햇살이 教室을 가득 채웠습니다.

① 체험 ② 교실 ③ 환경 ④ 체육

(6) 가족과 함께 여름 휴가 計劃을 세웠습니다.

① 계획 ② 규칙 ③ 배열 ④ 준비

(7) 우리 반의 급훈은 正直입니다.

① 정성 ② 정직 ③ 정확 ④ 정비

(8) 미희는 서랍을 깨끗이 正理했습니다.

① 규칙 ② 준비 ③ 중요 ④ 정리

(9) 重要한 부분에 밑줄을 그었습니다.

① 중요 ② 계산 ③ 자세 ④ 정직

(10) 하고 싶은 말을 分明하게 전달했습니다.

① 학습 ② 체험 ③ 분명 ④ 정성

4 다음 문장 중 ☐에 들어갈 알맞은 한자를 (보기)에서 골라 번호를 쓰시오.

보기

① 入 ② 日 ③ 生 ④ 女

(1) 가족들과 함께 경복궁 ☐구에서 사진을 찍었습니다.

(2) 오늘 집에서 동생의 ☐일 잔치를 했습니다.

(3) 5월 8☐은 어버이날입니다.

(4) 우리 반은 남자보다 ☐자가 많습니다.

5 다음 [ ] 안에 있는 한자어의 뜻(풀이)이 바른 것을 골라 번호를 쓰시오.

(1) [正確]

① 배워서 익힘
② 바르고 확실함
③ 귀중하고 요긴함
④ 어떤 장소에서 벌어진 광경

(2) [式] [ ]
① 수를 헤아림
② 귀중하고 요긴함
③ 계산을 하기 위해 세우는 법칙
④ 학교에서 주로 수업에 쓰는 방

(3) [方法] [ ]
① 셈하여 값을 얻는 것
② 우리를 둘러싸고 있는 주변
③ 어떤 목적을 이루기 위해 취하는 수단
④ 사람이 만들지 않고 스스로 생겨난 것

(4) [配列] [ ]
① 생생한 느낌
② 몸소 경험함
③ 모르거나 의심나는 점을 물음
④ 일정한 차례나 간격에 따라 벌여 놓음

(5) [體驗] [ ]
① 배우는 해
② 바르고 확실함
③ 자기가 몸소 겪음 또는 그런 행동
④ 똑같은 모양의 물건을 만들기 위한 틀

6 다음 한자어의 독음(소리)을 〈보기〉와 같이 쓰시오.

> 보기 一月 (일월)

(1) 手足 ( ) (2) 九千 ( )

(3) 父兄 ( ) (4) 人力 ( )

(5) 入口 ( ) (6) 四千 ( )

(7) 三月 ( ) (8) 七十 ( )

(9) 母女 ( ) (10) 火山 ( )

7 다음 한자의 훈(뜻)과 음(소리)을 〈보기〉와 같이 쓰시오.

> 보기 一 (한 일)

(1) 手 ( ) (2) 入 ( )

(3) 出 ( ) (4) 門 ( )

(5) 男 ( ) (6) 土 ( )

(7) 生 ( ) (8) 十 ( )

(9) 下 ( ) (10) 白 ( )

8 다음 중 한자어의 독음(소리)을 〈보기〉에서 찾아 쓰시오.

> 보기
> 계산 질문 중요
> 자세 활동 학년

(1) 궁금한 내용을 質問하였습니다.
( )

(2) 주말에 봉사 活動을 다녀왔습니다.
( )

(3) 국가의 안전을 지키는 일은 重要합니다.
( )

(4) 수업 시간에는 바른 姿勢로 앉아야 합니다. ( )

(5) 計算이 맞는지 검토해 봅시다.
( )

부록

정답

두음 법칙의 적용을 받는 한자

모양이 비슷한 한자

어문회에 자주 출제되는 한자어

어문회에 자주 출제되는 한자어 뜻풀이

7급, 7급 II 어문회 한자 쓰기

7급 진흥회 한자 쓰기

7급 진흥회 한자어 쓰기

한자 카드

만들기 부록(OX 카드, 주사위)

문제 속 한자

1과

1. (1) ㉡ (2) ㉠ (3) ㉣ (4) ㉢
2. (1) 지아비 (2) 효도
   (3) 기르다 (4) 집
3. (1) 조 (2) 노 (3) 효
4. (1) 兄 (2) 男 (3) 子 (4) 夫

2과

1. (1) ㉠ (2) ㉣ (3) ㉢ (4) ㉡
2. (1) 무겁다 (2) 노래
   (3) 쉬다 (4) 있다
3. (1) 일 사 (2) 편할 편/똥오줌 변
   (3) 곧을 직 (4) 노래 가
4. (1) 正 (2) 每 (3) 休 (4) 便

3과

1. (1) ㉢ (2) ㉣ (3) ㉡ (4) ㉠
2. (1) 목숨 (2) 낯
   (3) 손 (4) 발
3. (1) 심 (2) 목 (3) 구
4. (1) 力 (2) 足 (3) 目 (4) 心

4과

1. (1) ㉢ (2) ㉣ (3) ㉠ (4) ㉡
2. (1) 나가다 (2) 오르다
   (3) 살다 (4) 움직이다
3. (1) 화 (2) 식 (3) 출
4. (1) 來 (2) 入 (3) 立 (4) 活

5과

1. (1) ㉢ (2) ㉠ (3) ㉡ (4) ㉣
2. (1) 셈 (2) 대답
   (3) 세다 (4) 한가지
3. (1) 불 (2) 문 (3) 답
4. (1) 百 (2) 千 (3) 少 (4) 不

6과

1. (1) ㉢ (2) ㉣ (3) ㉡ (4) ㉠
2. (1) 뒤 (2) 오른쪽
   (3) 안쪽 (4) 아래쪽
3. (1) 평 (2) 상 (3) 전
4. (1) 左 (2) 方 (3) 內 (4) 右

게임 속 한자

2과

매양 매	일 사	바를 정	곧을 직	편할 편	무거울 중	쉴 휴	노래 가	있을 유
每	事	正	直	便	重	休	歌	有

教	軍	重	休	金	女	東	直	便	母	青	育	家	老	教
國	便	女	直	有	國	事	每	兄	正	女	夫	子	男	年
校	年	國	弟	重	休	正	弟	青	育	母	軍	父	校	六
南	九	兄	西	弟	直	門	九	國	祖	先	教	外	女	學
東	學	外	家	金	便	校	外	祖	孝	老	子	校	父	孝
教	大	弟	兄	育	休	九	門	年	先	男	大	女	大	祖
軍	青	西	直	每	重	便	歌	門	九	孝	青	軍	男	子
大	母	直	重	正	事	直	休	正	軍	育	外	家	老	先
六	正	有	事	歌	便	每	事	重	每	先	育	孝	軍	祖
校	每	直	有	每	休	有	歌	每	直	學	校	歌	東	便
事	每	學	事	歌	每	事	便	正	歌	事	南	每	直	事
休	重	休	直	正	重	有	休	歌	直	重	軍	歌	休	正
直	每	有	每	便	正	事	有	正	休	有	事	重	有	金
金	正	休	重	歌	重	休	重	每	直	重	歌	休	六	學
校	南	事	便	每	有	事	每	事	每	歌	每	金	南	教

5과

(1) 百 일백 백	 (7) 答	(13) 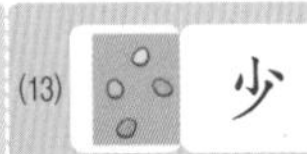 少
(2) 休 쉴 휴	 (8) 不	(14)  千
(3) 育 기를 육	 (9) 同 	(15)  有
(4) 食 먹을/밥 식	 (10) 祖 	(16)  便
(5) 數 셀 수	 (11) 事	(17)  話
(6) 問 물을 문	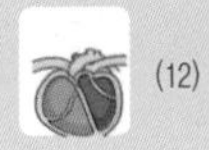 (12) 算 	(18)  命

실전 속 한자 (어문회)

1과

1. (1) 조상 조/할아버지 조 (2) 효도 효
   (3) 어미 모 (4) 길 장/어른 장
   (5) 집 가 (6) 사내 남
   (7) 기를 육 (8) 여자 녀(여)
2. (1) ① (2) ② (3) ⑤ (4) ③
   (5) ⑥ (6) ④ (7) ⑧ (8) ⑦
3. (1) 남자 (2) 장학금
   (3) 여자 (4) 학교
4. (1) 어버이(부모님)를 잘 섬기는 아들
   (2) 집안의 어른
5. (1) ⑤ (2) ⑤

2과

1. (1) 매사 (2) 동서남북
   (3) 정직 (4) 한국
2. (1) 편할 편/똥오줌 변 (2) 무거울 중
   (3) 노래 가 (4) 곧을 직
   (5) 매양 매 (6) 먼저 선
   (7) 가르칠 교 (8) 쉴 휴
3. (1) ④ (2) ③ (3) ② (4) ①
   (5) ⑦ (6) ⑥ (7) ⑧ (10) ⑤
4. (1) 학교를 쉼, 배움을 쉼
   (2) 편리하지 않음
5. (1) ⑨ (2) ⑩

3과

1. (1) 문 문 (2) 낯 면/얼굴 면
   (3) 발 족 (4) 마음 심
   (5) 아우 제 (6) 남녘 남
   (7) 이름 명 (8) 목숨 명
2. (1) ① (2) ④ (3) ⑤ (4) ③
   (5) ⑧ (6) ⑦ (7) ⑥ (8) ②
3. (1) 휴일 (2) 청년
   (3) 수족 (4) 남편
4. (1) ① (2) ④
5. (1) ⑥ (2) ⑧

4과

1. (1) 출입문 (2) 활동
   (3) 중립 (4) 등산
2. (1) ② (2) ⑦ (3) ⑤ (4) ①
   (5) ④ (6) ③ (7) ⑧ (8) ⑥
3. (1) ② (2) ③ (3) ④
4. (1) 늙은이와 젊은이 (2) 학교에 감
5. (1) ⑧ (2) ⑤

5과

1. (1) 촌수 (2) 국군
   (3) 소수 (4) 중식
2. (1) 대답 답 (2) 셀 수
   (3) 일백 백 (4) 적을 소
   (5) 바깥 외 (6) 말씀 화
   (7) 백성 민 (8) 흰 백
3. (1) ⑧ (2) ③ (3) ① (4) ②
   (5) ④ (6) ⑤ (7) ⑦ (8) ⑥
4. (1) ④ (2) ③
5. (1) ③ (2) ⑫

6과

1. (1) 후방 (2) 좌우
   (3) 조상 (4) 가사
2. (1) 평평할 평 (2) 안 내
   (3) 모 방 (4) 왼 좌
   (5) 앞 전 (6) 아래 하
   (7) 오른 우 (8) 뒤 후
3. (1) ④ (2) ① (3) ③
4. (1) 집이나 방 안 (2) 옳은 답, 바른 답
5. (1) ④ (2) ③

실전 속 한자 (진흥회)

1. (1) ① (2) ② (3) ③ (4) ③ (5) ④
(6) ② (7) ① (8) ④ (9) ③ (10) ①
2. (1) ② (2) ④ (3) ② (4) ② (5) ①
(6) ③ (7) ② (8) ③ (9) ② (10)③
3. (1) ② (2) ④ (3) ④ (4) ③ (5) ②
(6) ① (7) ② (8) ④ (9) ① (10) ③
4. (1) ① (2) ③ (3) ② (4) ④
5. (1) ② (2) ③ (3) ③ (4) ④ (5) ③
6. (1) 수족 (2) 구천
(3) 부형 (4) 인력
(5) 입구 (6) 사천
(7) 삼월 (8) 칠십
(9) 모녀 (10) 화산
7. (1) 손 수 (2) 들 입
(3) 날 출 (4) 문 문
(5) 사내 남 (6) 흙 토
(7) 날 생 (8) 열 십
(9) 아래 하 (10) 흰 백
8. (1) 질문 (2) 활동 (3) 중요 (4) 자세 (5) 계산

※ **두음 법칙**(頭音法則) : 한자 음에서 단어의 첫소리에 'ㄴ'이나 'ㄹ'이 올 때, 그 음이 'ㅇ'이나 'ㄴ'으로 바뀌는 현상

한자	설명	예 1	예 2
女 계집 녀	'女'가 한자어의 맨 앞에 올 때는 '여'로 읽습니다.	男女 남 녀	女子 여 자
年 해 년	'年'이 한자어의 맨 앞에 올 때는 '연'으로 읽습니다.	每年 매 년	年金 연 금
來 올 래	'來'가 한자어의 맨 앞에 올 때는 '내'로 읽습니다.	外來 외 래	來日 내 일
力 힘 력	'力'이 한자어의 맨 앞에 올 때는 '역'으로 읽습니다.	火力 화 력	力道 역 도
老 늙을 로	'老'가 한자어의 맨 앞에 올 때는 '노'로 읽습니다.	年老 연 로	老人 노 인
里 마을 리	'里'가 한자어의 맨 앞에 올 때는 '이'로 읽습니다.	千里 천 리	里長 이 장
林 수풀 림	'林'이 한자어의 맨 앞에 올 때는 '임'으로 읽습니다.	山林 산 림	林野 임 야
立 설 립	'立'이 한자어의 맨 앞에 올 때는 '입'으로 읽습니다.	自立 자 립	立冬 입 동

한자	부수	낱말
工 장인 공	부수: 工	工場 (공장) 工夫 (공부)
江 강 강	부수: 氵	漢江 (한강) 江山 (강산)
空 빌 공	부수: 穴	時空 (시공) 空中 (공중)

한자	부수	낱말
母 어미 모	부수: 毋	母女 (모녀) 父母 (부모)
每 매양 매	부수: 毋	每日 (매일) 每月 (매월)
海 바다 해	부수: 氵	海物 (해물) 海草 (해초)

한자	부수	낱말
門 문 문	부수: 門	大門 (대문) 出入門 (출입문)
問 물을 문	부수: 口	學問 (학문) 問安 (문안)
間 사이 간	부수: 門	時間 (시간) 人間 (인간)

한자	부수	낱말
白 흰 백	부수: 白	白色 (백색) 白紙 (백지)
百 일백 백	부수: 白	百世 (백세) 百花 (백화)
自 스스로 자	부수: 自	自重 (자중) 自立 (자립)

한자	부수	낱말
王 임금 왕	부수: 王	王室 (왕실) 國王 (국왕)
主 주인 주	부수: 丶	自主 (자주) 民主 (민주)
住 살 주	부수: 人	住民 (주민) 安住 (안주)

한자	부수	낱말
人 사람 인	부수: 人	老人 (노인) 人氣 (인기)
八 여덟 팔	부수: 八	八九 (팔구) 八十 (팔십)
入 들 입	부수: 入	入場 (입장) 入室 (입실)

車	수레 거(차)	부수: 車	電車 (전차) 人力車 (인력거)
軍	군사 군	부수: 車	國軍 (국군) 軍人 (군인)
同	한가지 동	부수: 口	同色 (동색) 同名 (동명)
洞	골 동/밝을 통	부수: 氵	洞口 (동구) 洞長 (동장)
全	온전할 전	부수: 入	全力 (전력) 全面 (전면)
金	쇠 금 / 성 김	부수: 金	金火 (금화) 金江山 (금강산)
直	곧을 직	부수: 目	直前 (직전) 直面 (직면)
植	심을 식	부수: 木	植民地 (식민지) 植木日 (식목일)
寸	마디 촌	부수: 寸	外三寸 (외삼촌) 四寸 (사촌)
老	늙을 로(노)	부수: 老	老後 (노후) 老年 (노년)
孝	효도 효	부수: 子	孝心 (효심) 孝道 (효도)
小	작을 소	부수: 小	大小 (대소) 小便 (소변)
少	적을 소	부수: 小	少女 (소녀) 少年 (소년)
重	무거울 중	부수: 里	重大 (중대) 重力 (중력)
動	움직일 동	부수: 力	主動 (주동) 出動 (출동)
天	하늘 천	부수: 大	天下 (천하) 東天 (동천)
夫	지아비 부	부수: 大	兄夫 (형부) 農夫 (농부)
村	마을 촌	부수: 木	農村 (농촌) 村長 (촌장)

1과

家 집 **가**	家內 (가내), 家出 (가출), 家口 (가구), 家長 (가장), 草家 (초가), 農家 (농가), 大家 (대가), 外家 (외가), 一家 (일가), 安家 (안가)
夫 지아비 **부**	兄夫 (형부), 工夫 (공부), 農夫 (농부), 村夫 (촌부)
男 사내 **남**	男便 (남편), 男子 (남자), 長男 (장남), 三男 (삼남)
子 아들 **자**	子女 (자녀), 王子 (왕자), 弟子 (제자), 父子 (부자), 孝子 (효자)
育 기를 **육**	育林 (육림), 教育 (교육), 母育 (모육), 生育 (생육)
祖 할아버지/조상 **조**	祖國 (조국), 祖上 (조상), 祖父 (조부), 祖母 (조모), 王祖 (왕조), 外祖 (외조), 先祖 (선조)
老 늙을 **로(노)**	老少 (노소), 老父 (노부), 老後 (노후), 老母 (노모), 老年 (노년), 老人 (노인)
孝 효도 **효**	孝女 (효녀), 孝道 (효도), 孝子 (효자), 孝心 (효심), 不孝 (불효)

2과

每 매양 **매**	每日 (매일), 每事 (매사), 每年 (매년), 每月 (매월), 每時 (매시)
事 일 **사**	事後 (사후), 事物 (사물), 記事 (기사), 每事 (매사), 工事 (공사), 食事 (식사), 農事 (농사), 萬事 (만사), 軍事 (군사), 有事 (유사)
正 바를 **정**	正門 (정문), 正直 (정직), 正答 (정답), 正午 (정오), 正方 (정방), 正教 (정교), 正道 (정도), 平正 (평정), 不正 (부정)

直 곧을 **직**	直前 (직전), 直立 (직립), 直面 (직면), 正直 (정직)
便 편할 **편**/ 똥오줌 **변**	便安 (편안), 便紙 (편지), 男便 (남편), 人便 (인편), 不便 (불편), 便所 (변소), 小便 (소변), 大便 (대변)
重 무거울 **중**	重大 (중대), 重力 (중력), 自重 (자중), 所重 (소중), 二重 (이중), 三重 (삼중)
休 쉴 **휴**	休紙 (휴지), 休學 (휴학), 休日 (휴일), 休校 (휴교)
歌 노래 **가**	歌手 (가수), 校歌 (교가), 軍歌 (군가), 農歌 (농가), 村歌 (촌가), 答歌 (답가)
有 있을 **유**	有名 (유명), 有色 (유색), 有事 (유사), 所有 (소유)

3과

面 낯/얼굴 **면**	面長 (면장), 面前 (면전), 左面 (좌면), 邑面 (읍면), 直面 (직면), 立面 (입면), 場面 (장면), 紙面 (지면), 全面 (전면), 平面 (평면), 內面 (내면)
手 손 **수**	手話 (수화), 手中 (수중), 手動 (수동), 手記 (수기), 手足 (수족), 手下 (수하), 木手 (목수), 旗手 (기수), 歌手 (가수), 白手 (백수)
口 입 **구**	家口 (가구), 出口 (출구), 入口 (입구)
足 발 **족**	不足 (부족), 四足 (사족), 自足 (자족), 手足 (수족), 二足 (이족)
心 마음 **심**	心中 (심중), 心算 (심산), 心地 (심지), 安心 (안심), 中心 (중심), 孝心 (효심), 農心 (농심), 一心 (일심), 民心 (민심)
命 목숨 **명**	命中 (명중), 命名 (명명), 王命 (왕명), 人命 (인명), 生命 (생명), 天命 (천명)

力 힘 **력(역)**	火力 (화력), 活力 (활력), 全力 (전력), 電力 (전력), 重力 (중력), 氣力 (기력), 人力 (인력), 出力 (출력)

4과

出 날 **출**	出家 (출가), 出動 (출동), 出生 (출생), 出世 (출세), 出口 (출구), 出入 (출입), 出力 (출력), 算出 (산출), 家出 (가출), 外出 (외출), 月出 (월출)
入 들 **입**	入室 (입실), 入場 (입장), 入口 (입구), 入學 (입학), 入金 (입금), 記入 (기입), 出入 (출입)
活 살 **활**	活火 (활화), 活動 (활동), 活力 (활력), 活氣 (활기), 生活 (생활), 自活 (자활)
動 움직일 **동**	動物 (동물), 自動 (자동), 活動 (활동), 手動 (수동), 主動 (주동), 電動 (전동), 出動 (출동)
立 설 **립(입)**	立面 (입면), 立春 (입춘), 立夏 (입하), 立冬 (입동), 市立 (시립), 直立 (직립), 自立 (자립), 道立 (도립), 中立 (중립), 王立 (왕립), 國立 (국립)
登 오를 **등**	登記 (등기), 登山 (등산), 登校 (등교), 登場 (등장)
來 올 **래(내)**	來日 (내일), 來世 (내세), 來年 (내년), 外來 (외래), 外來語 (외래어), 外國語 (외국어)
食 먹을 **식**	食後 (식후), 食水 (식수), 食口 (식구), 食前 (식전), 食事 (식사), 間食 (간식), 生食 (생식), 夕食 (석식), 主食 (주식), 外食 (외식), 中食 (중식), 小食 (소식)
話 말씀 **화**	電話 (전화), 手話 (수화)

5과

百 일백 **백**	百日 (백일), 百姓 (백성), 百萬 (백만), 百方 (백방), 百世 (백세), 百花 (백화), 數百 (수백), 三百 (삼백)
千 일천 **천**	千金 (천금), 千萬 (천만), 千里 (천리), 千字 (천자), 千年 (천년), 五千 (오천), 千秋 (천추), 千字文 (천자문), 數千 (수천), 七千 (칠천), 八千 (팔천)
少 적을 **소**	少女 (소녀), 少年 (소년), 少數 (소수), 少時 (소시), 老少 (노소)
算 셈 **산**	算數 (산수), 算出 (산출), 電算 (전산), 心算 (심산)
數 셀 **수**	數千 (수천), 數學 (수학), 數百 (수백), 數日 (수일), 算數 (산수), 寸數 (촌수), 少數 (소수), 同數 (동수)
問 물을 **문**	問答 (문답), 學問 (학문)
答 대답 **답**	正答 (정답), 名答 (명답), 問答 (문답), 答紙 (답지), 答歌 (답가)
不 아닐 **불(부)**	不平 (불평), 不孝 (불효), 不便 (불편), 不足 (부족), 不正 (부정)
同 한가지 **동**	同時 (동시), 同姓 (동성), 同門 (동문), 同數 (동수), 同色 (동색), 同名 (동명), 大同 (대동)

6과

上 위 **상**	海上 (해상), 祖上 (조상), 世上 (세상), 主上 (주상)
下 아래 **하**	天下 (천하), 地下 (지하)
左 왼 **좌**	左右 (좌우), 左面 (좌면)

右 오른 **우**	右軍(우군), 左右(좌우)
前 앞 **전**	前年(전년), 前後(전후), 前記(전기), 前日(전일), 前方(전방), 前門(전문), 直前(직전), 午前(오전), 門前(문전), 面前(면전), 食前(식전)
後 뒤 **후**	後世(후세), 後日(후일), 午後(오후), 食後(식후), 老後(노후), 先後(선후), 事後(사후), 前後(전후)
平 평평할 **평**	平安(평안), 平地(평지), 平面(평면), 平生(평생), 平年(평년), 平正(평정), 不平(불평)
方 모 **방**	四方(사방), 一方(일방), 北方(북방), 地方(지방), 萬方(만방), 百方(백방), 六方(육방), 正方(정방), 南方(남방), 前方(전방), 東方(동방)
內 안 **내**	內外(내외), 內面(내면), 內室(내실), 家內(가내), 室內(실내), 邑內(읍내), 市內(시내)

教 (가르칠 **교**) 室 (집 **실**)	주로 학교에서 학습 활동이 이루어지는 방
校 (학교 **교**) 門 (문 **문**)	학교의 문
九 (아홉 **구**) 月 (달 **월**)	한 해 가운데 아홉째 달
國 (나라 **국**) 王 (임금 **왕**)	나라의 임금, 왕국의 주권자
國 (나라 **국**) 軍 (군사 **군**)	나라의 군대(군사)
國 (나라 **국**) 民 (백성 **민**)	국가를 구성하는 사람, 그 나라의 국적을 가진 사람
軍 (군사 **군**) 人 (사람 **인**)	군대에서 복무하는 사람, 육해공군 장병의 총칭
軍 (군사 **군**) 民 (백성 **민**)	군인과 민간인
南 (남녘 **남**) 門 (문 **문**)	남쪽으로 난 문, 성곽의 남쪽에 있는 문
南 (남녘 **남**) 山 (메/산 **산**)	남쪽에 있는 산
南 (남녘 **남**) 西 (서녘 **서**)	남쪽과 서쪽
南 (남녘 **남**) 東 (동녘 **동**)	남쪽과 동쪽
南 (남녘 **남**) 北 (북녘 **북**)	남쪽과 북쪽
東 (동녘 **동**) 門 (문 **문**)	동쪽으로 난 문, 성곽의 동쪽에 있는 문

한자어	뜻풀이
東 西 동녘 **동** 서녘 **서**	동쪽과 서쪽
大 學 큰 **대** 배울 **학**	고등학교 졸업자 또는 이와 동등한 학력이 있다고 인정된 사람이 입학하는 학교
大 王 큰 **대** 임금 **왕**	선왕의 높임말, 훌륭하고 뛰어난 임금의 높임말
大 小 큰 **대** 작을 **소**	크고 작음
大 門 큰 **대** 문 **문**	큰 문, 집의 정문
大 韓 큰 **대** 나라 **한**	대한민국
萬 年 일만 **만** 해 **년(연)**	오랜 세월
母 國 어미 **모** 나라 **국**	자기가 태어난 나라, 외국에 가 있을 때 '자기의 나라'를 가리키는 말
母 子 어미 **모** 아들 **자**	어머니와 아들
父 王 아비 **부** 임금 **왕**	왕자나 공주가 자기의 아버지인 임금을 가리키는 말
父 母 아비 **부** 어미 **모**	어버이, 아버지와 어머니
父 兄 아비 **부** 형 **형**	아버지와 형
北 韓 북녘 **북** 나라 **한**	남북으로 분단된 대한민국의 휴전선 북쪽 지역
三 寸 석 **삼** 마디 **촌**	아버지의 형이나 동생

三 韓 석 **삼** 나라 **한**	삼국시대 이전 우리나라 중남부에 있었던 세 나라 (마한, 진한, 변한)
四 寸 넉 **사** 마디 **촌**	아버지의 친형제자매의 아들이나 딸과의 촌수
先 人 먼저 **선** 사람 **인**	돌아가신 아버지, 전대의 사람
先 山 먼저 **선** 메/산 **산**	조상의 무덤, 조상의 무덤이 있는 곳
先 王 먼저 **선** 임금 **왕**	선대의 임금, 옛날의 어진 임금
十 年 열 **십** 해 **년(연)**	열 해
十 日 열 **십** 날/해 **일**	그 달의 열째 날, 열 날
室 長 집 **실** 길/어른 **장**	그 방의 장, 부서의 우두머리
水 中 물 **수** 가운데 **중**	물 속
六 寸 여섯 **육(륙)** 마디 **촌**	사촌의 자녀끼리의 촌수
女 王 여자 **여(녀)** 임금 **왕**	여자 임금, 미인대회에서 가장 아름다운 여자로 뽑힌 사람
王 室 임금 **왕** 집 **실**	임금의 집안
一 萬 한 **일** 일만 **만**	천의 열 배
女 軍 여자 **여(녀)** 군사 **군**	군인으로 복무하는 여자, 여자 군인으로 조직된 군대

한자어	뜻풀이
外 바깥 **외** 國 나라 **국**	자기 나라 밖의 다른 나라
外 바깥 **외** 人 사람 **인**	한 집안이나 단체, 나라 밖의 사람, 어떤 일에 관계 없는 사람
五 다섯 **오** 日 날 **일**	그 달의 다섯째 날, 다섯 날
二 두 **이** 十 열 **십**	스물
長 길/어른 **장** 子 아들 **자**	맏아들
青 푸를 **청** 山 메/산 **산**	나무가 무성한 푸른 산
七 일곱 **칠** 月 달 **월**	한 해의 열두 달 가운데 일곱째 달
八 여덟 **팔** 寸 마디 **촌**	아버지 육촌의 자녀와의 촌수
韓 나라 **한** 國 나라 **국**	대한민국
學 배울 **학** 校 학교 **교**	교사가 계속적으로 학생에게 교육을 실시하는 기관

- 어문회 한자 쓰기
- 진흥회 한자 쓰기
- 진흥회 한자어 쓰기

家
집 가
家
집 가
夫
지아비 부
夫
지아비 부
男
사내 남
男
사내 남
子
아들 자
子
아들 자
育
기를 육
育
기를 육

祖
할아버지/조상 조
祖
할아버지/조상 조
老
늙을 로(노)
老
늙을 로(노)
孝
효도 효
孝
효도 효
每
매양 매
每
매양 매
事
일 사
事
일 사

正 바를 정	正 바를 정			
直 곧을 직	直 곧을 직			
便 편할 편 / 똥오줌 변	便 편할 편 / 똥오줌 변			
重 무거울 중	重 무거울 중			
休 쉴 휴	休 쉴 휴			

歌
노래 가
歌
노래 가
有
있을 유
有
있을 유
面
낯/얼굴 면
面
낯/얼굴 면
手
손 수
手
손 수
口
입 구
口
입 구

足 발 족	足 발 족			
心 마음 심	心 마음 심			
命 목숨 명	命 목숨 명			
力 힘 력(역)	力 힘 력(역)			
出 날 출	出 날 출			

入
들 입
入
들 입
活
살 활
活
살 활
動
움직일 동
動
움직일 동
立
설 립(입)
立
설 립(입)
登
오를 등
登
오를 등

來
올 래(내)
來
올 래(내)
食
먹을/밥 식
食
먹을/밥 식
話
말씀 화
話
말씀 화
百
일백 백
百
일백 백
千
일천 천
千
일천 천

少
적을 소
少
적을 소
算
셈 산
算
셈 산
數
셀 수
數
셀 수
問
물을 문
問
물을 문
答
대답 답
答
대답 답

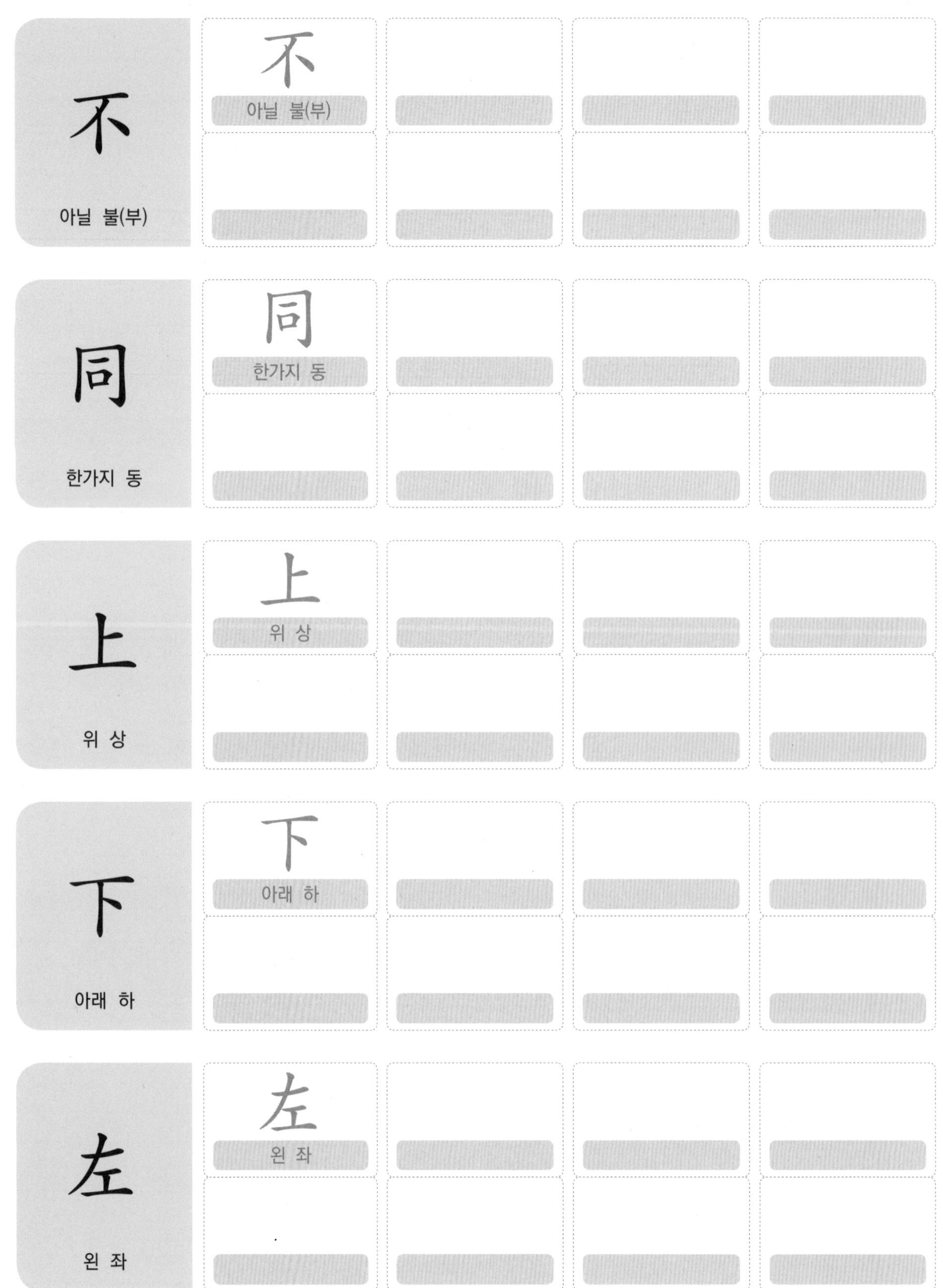
不
아닐 불(부)
不
아닐 불(부)
同
한가지 동
同
한가지 동
上
위 상
上
위 상
下
아래 하
下
아래 하
左
왼 좌
左
왼 좌

右
오른 우
右
오른 우
前
앞 전
前
앞 전
後
뒤 후
後
뒤 후
平
평평할 평
平
평평할 평
方
모 방
方
모 방

內 안 내	內 안 내			

兄
형 형
兄
형 형
男
사내 남
男
사내 남
目
눈 목
目
눈 목
手
손 수
手
손 수
足
발 족
足
발 족
心
마음 심
心
마음 심

力
힘 력(역)
力
힘 력(역)
出
날 출
出
날 출
入
들 입
入
들 입
立
설 립(입)
立
설 립(입)
百
일백 백
百
일백 백
千
일천 천
千
일천 천

敎室(교실): 학습 활동이 이루어지는 방

敎 室
교 실

敎室
교 실

體育(체육): 건강한 몸과 운동 능력을 기르는 일

體 育
체 육

體育
체 육

體驗(체험): 실제로 체험하는 느낌, 몸소 경험함

體 驗
체 험

體驗
체 험

學習(학습): 배워서 익힘

學 習
학 습

學習
학 습

學年(학년): 배우는 해

學 年
학 년

學年
학 년

計劃(계획): 어떤 일을 위해서 생각해 놓음

計 劃
계 획

計劃
계 획

正直(정직): 거짓이나 꾸밈이 없이 바르고 곧음

正 直
정 직

正確(정확): 바르고 확실함

正 確
정 확

準備(준비): 미리 마련하여 갖춤

準 備
준 비

重要(중요): 귀중하고 요긴함

重 要
중 요

整理(정리): 가지런히 바로잡음

整 理
정 리

自然(자연): 사람이 만들지 않고 스스로 생겨난 것

自 然
자 연

環境(환경): 우리를 둘러싸고 있는 주변

環 境
환 경

環境
환 경

活動(활동): 몸을 움직여 행동함

活 動
활 동

活動
활 동

規則(규칙): 일정한 전례, 표준 또는 규정

規 則
규 칙

規則
규 칙

方法(방법): 어떤 목적을 이루기 위해 취하는 수단

方 法
방 법

方法
방 법

配列(배열): 일정한 차례나 간격에 따라 벌여 놓음

配 列
배 열

配列
배 열

信號(신호): 일정한 부호나 표시, 소리, 몸짓 등을 사용하여 특정한 내용이나 정보를 전달하거나 지시함

信 號
신 호

信號
신 호

計算(계산): 셈하여 값을 얻는 것, 수를 헤아림

計算
계 산

計算
계 산

質問(질문): 모르거나 의심 나는 점을 물음

質問
질 문

質問
질 문

符號(부호): 어떤 뜻을 나타내는 기호

符號
부 호

符號
부 호

三角形(삼각형): 세 개의 각이 있는 모양

三角形
삼 각 형

三角形
삼 각 형

圓(원): 둥글게 그려진 모양

圓
원

圓
원

式(식): 계산을 하기 위해 세우는 법칙

式
식

式
식

線(선): 그어 놓은 금이나 줄

線 선	線 선			

模型(모형): 모양이 같은 물건을 만들기 위한 틀

模 型 모 형	模型 모 형			

邊(변): 물체나 장소 따위의 가장자리

邊 변	邊 변			

分明(분명): 틀림없이 확실하게

分 明 분 명	分明 분 명			

役割(역할): 자기가 마땅히 해야 할 맡은 바 임무

役 割 역 할	役割 역 할			

姿勢(자세): 몸을 움직이거나 가누는 모양

姿 勢 자 세	姿勢 자 세			

安全(안전): 위험이 없는 상태

安 全 안 전	安全 안 전			

이야기로 배우는
진짜 진짜
급수 한자
7급
한자 카드

家 兄

夫 男 子

育 祖 老

형 형

집 가

한자 카드 만들기

완성된 한자 카드에
고리를 연결하고,
여러 가지 연습이나
게임에 활용한다.

아들 자

사내 남

지아비 부

늙을 로/노

할아버지/조상 조

기를 육

孝	每	事
正	直	便
重	休	歌

일 사

매양 매

효도 효

편할 편/똥오줌 변

곧을 직

바를 정

노래 가

쉴 휴

무거울 중

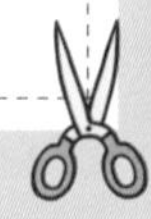

有	面	目
手	口	足
心	命	力

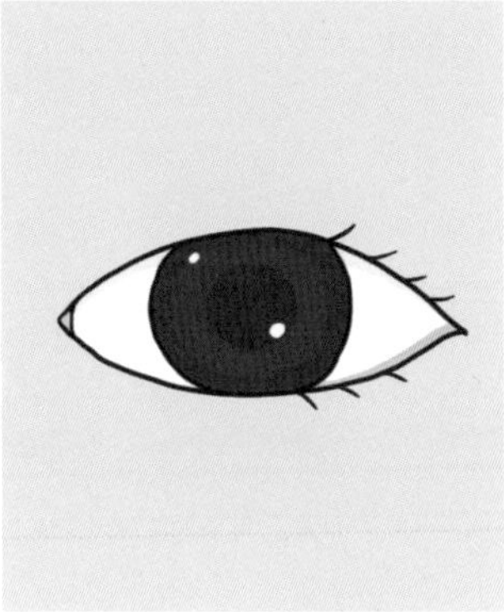

눈 목	낯/얼굴 면	있을 유
발 족	입 구	손 수
힘 력	목숨 명	마음 심

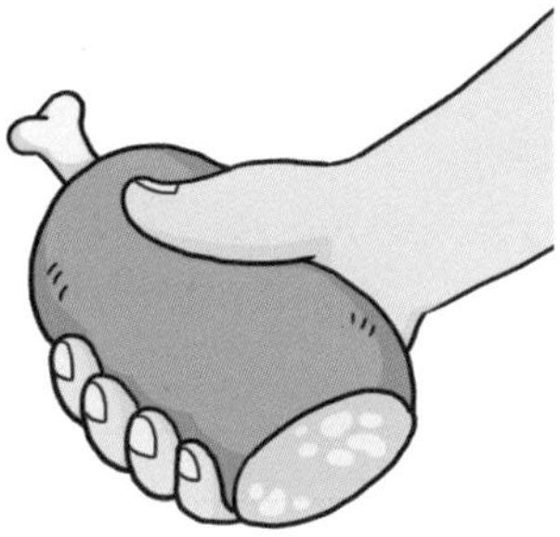

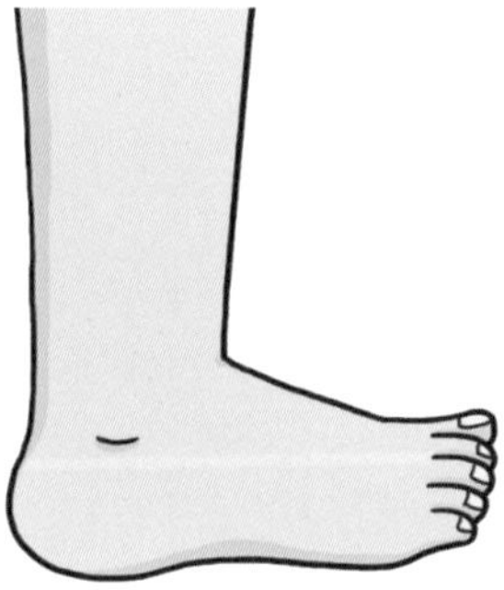

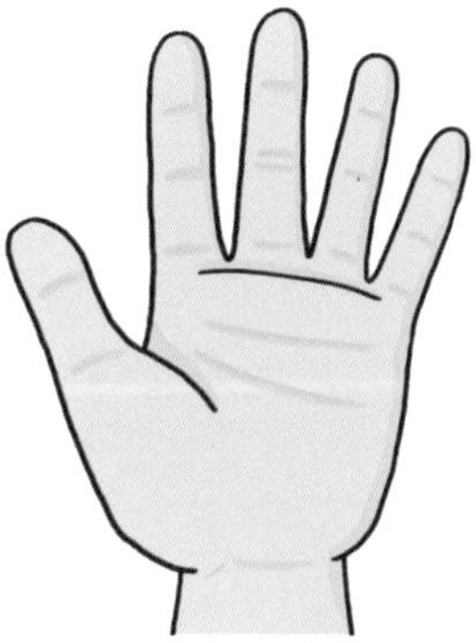

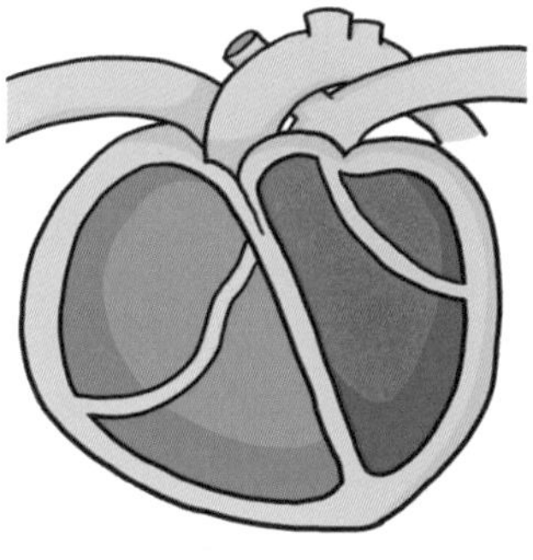

出	入	活
動	立	登
來	食	話

살 활

들 입

날 출

오를 등

설 립/입

움직일 동

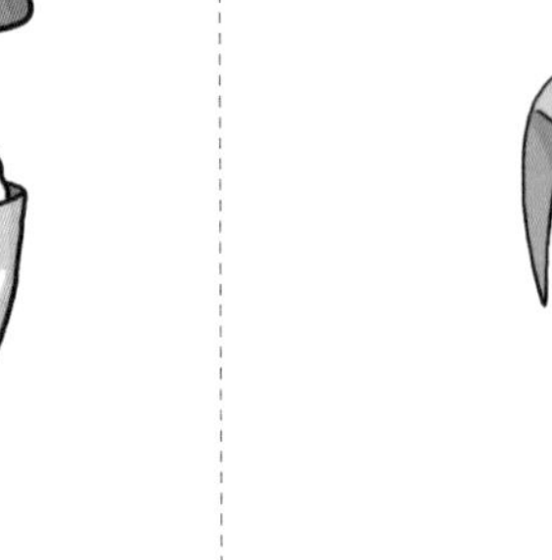

말씀 화

먹을/밥 식

올 래/내

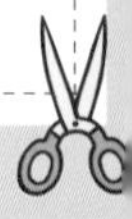

百 千 少

算 數 問

答 不 同

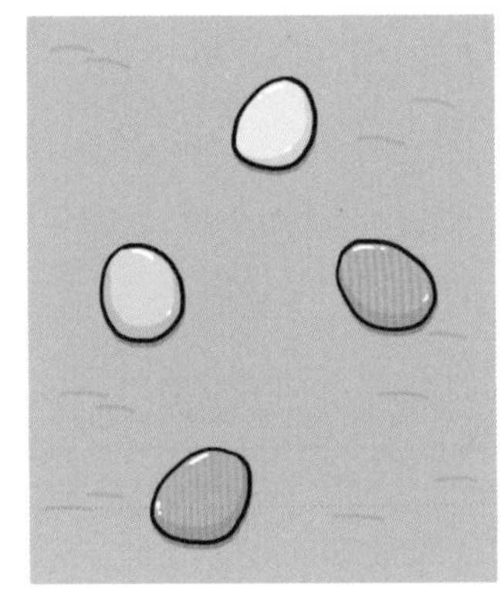

적을 소

일천 천

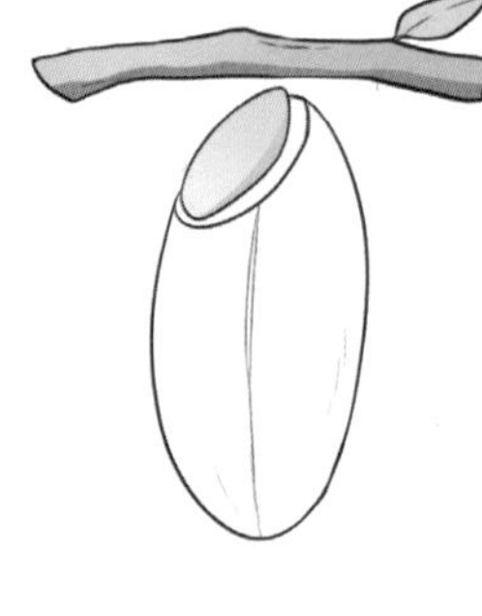

일백 

물을 문

셀 

셈 

한가지 동

아닐 

대답 

上	下	左
右	前	後
平	方	內

왼 좌

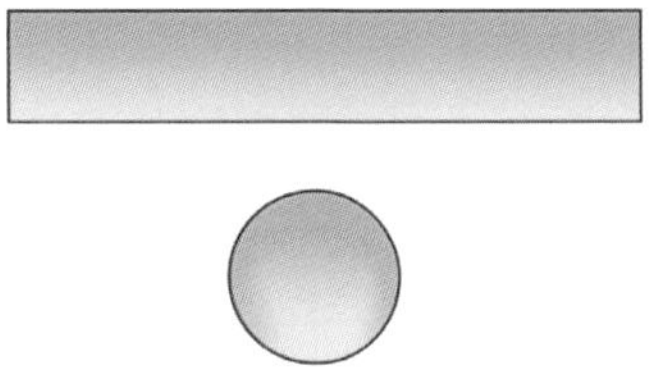

아래 하

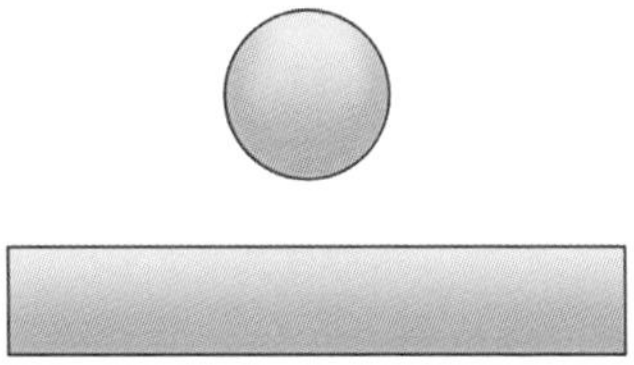

위 상

뒤 후

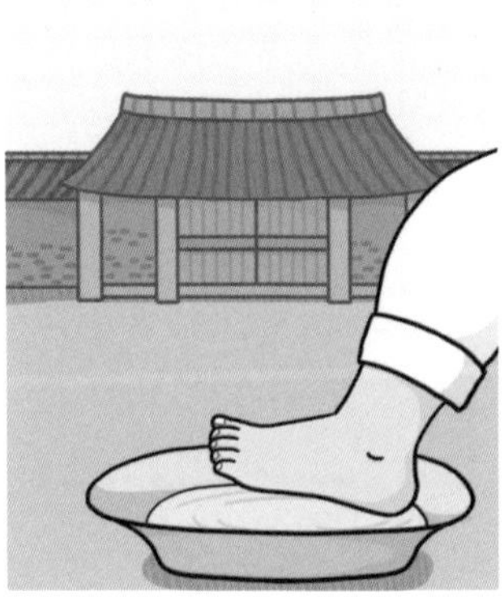

앞 전

오른 우

안 내

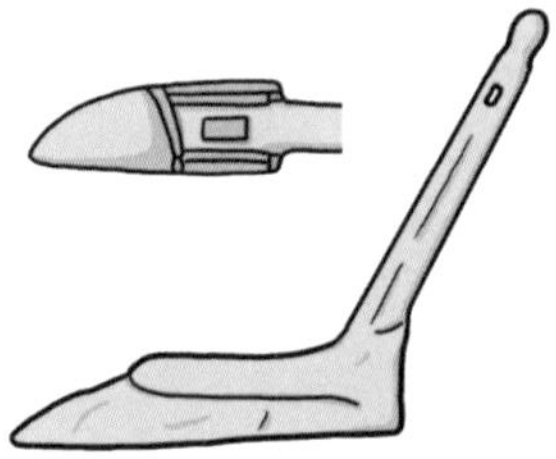

모 방

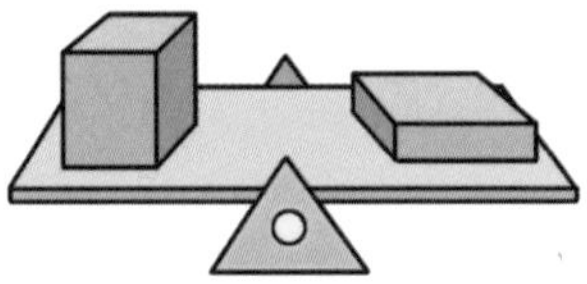

평평할 평

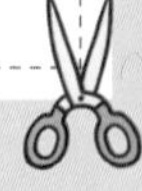

1과 골든벨을 울려라. (26쪽 OX 카드)

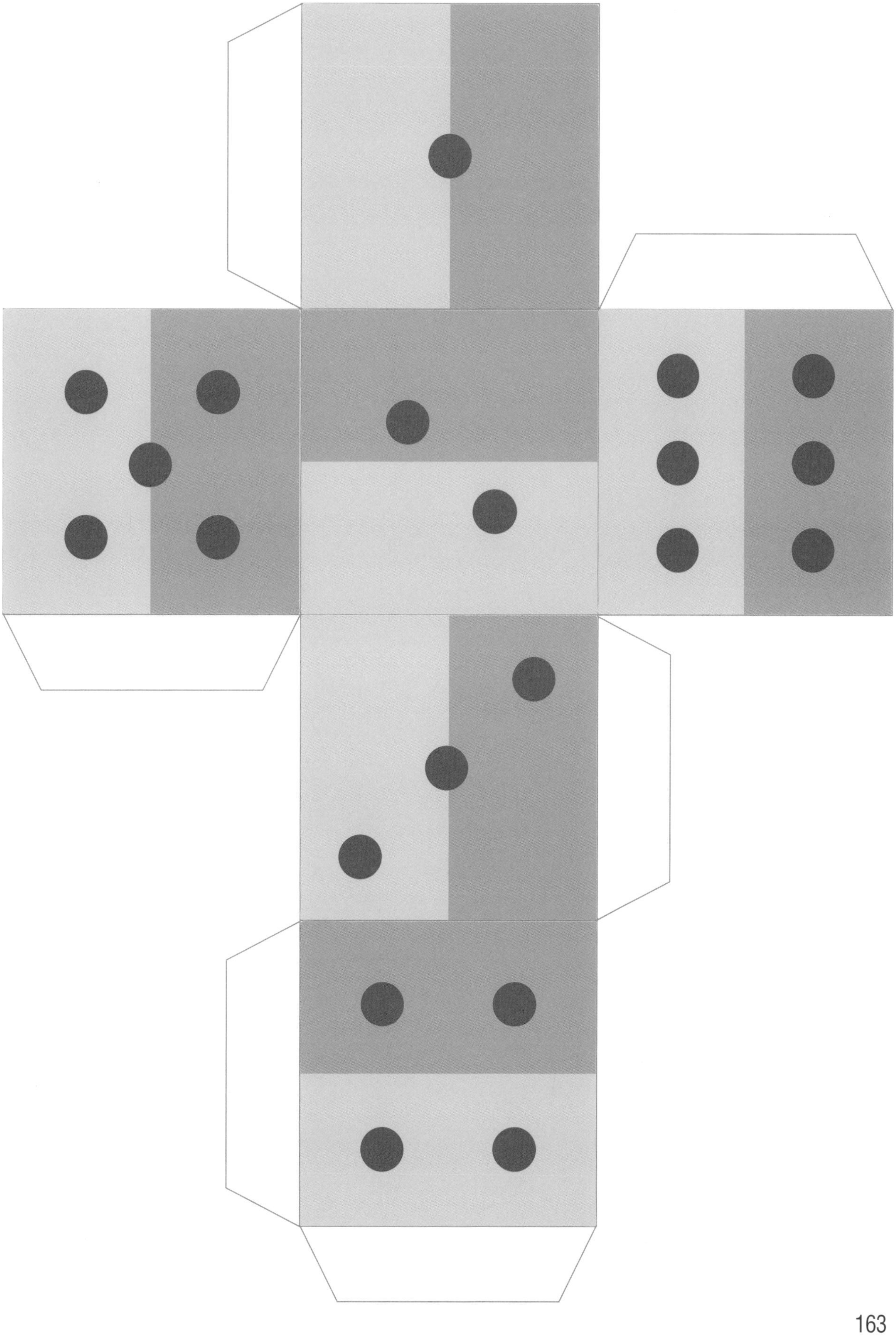

5과 주사위 게임 (88쪽 주사위 부록)

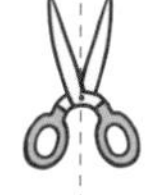